阅　读　即　远　游

浮槎

文明分流与
现代化的起源

粮舵

周夫生　波音——著

河南文艺出版社
·郑州·

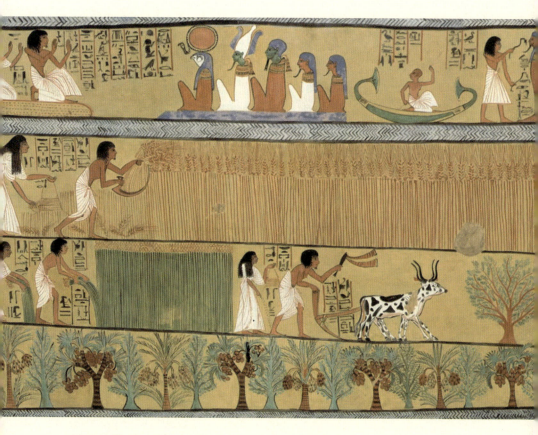

图1 古埃及耕作图（Sennedjem墓室壁画，公元前1200年）

"有恒产者有恒心，无恒产者无恒心。"

文明发展的终极规律，就隐藏在孟子的这句名言当中。人类最基本的"产"是土地，土地最基本的"产"是粮食，粮食产出的风险属性（恒产）左右了人类的生存预期（恒心），进而影响到人类的社会行为，推动了经济、政治制度向着不同方向演进。

恒产与否，就成为文明分流与现代化历程的决定性因素。

粮食风险作为历史之舵

过去五百年间，传统世界向着现代世界巨变，引发了一个广受关注的问题：

　　这一巨变因何而来？

　　虽然各路学者对于"现代"和"现代化"的定义众说纷纭，但对于普罗大众来说，相对于有着几千年漫长历史的古代世界，最近五百年来世界的转变是显而易见的。科学革命、工业革命、人口爆发、全球化……各种古代世界闻所未闻的事物快速涌现，纷至沓来，令人目不暇接。现代世界的确与漫长的、近乎停滞的古代世界大不一样！

　　现代世界与古代世界的差异如此之多、如此之大，以至于学者们对于两者主要的差异是什么都无法形成统一的意见。在此，我们引用来自现代世界诞生地——英国的当代著名历史学家、《现代世界的诞生》一书的作者艾伦·麦克法兰的阐述，来简略地描绘一下现代社会的独特之处。

　　麦克法兰将现代社会的特征总结为主要的五点：

- 恰到好处的人口结构，死亡率和生育率得到有
  效的调控
- 政治支柱即政治自由
- 特定的社会结构，家庭的力量被削弱，开放的、
  流动的、较为精英主义的体系建立起来
- 全新的财富生产方式——工业革命
- 特定的认知方法——科学革命

以上五点内容都是古代社会所没有的。麦克法兰认为，要构成一个现代社会，这五点内容缺一不可。

那么，这个全新的世界面貌是怎么来的呢？

关于这个问题，起源最早、影响最大的观点来自现代经济学的开山祖师、英国著名经济学家亚当·斯密，我们可以称之为"商业化模式"。

在斯密看来，"互通有无，以物易物，相互交易"是人的自然禀性，为了自己的利益而交换，从人类诞生那个时刻就开始了。随着生产工具日渐进步，劳动分工日渐深入，交换行为也变得日益专业化。于是，历史悠久的商业活动从古代的政治和文化桎梏中解放出来，成就了商业社会这一历史进步的顶峰。

在斯密的头脑意识中，现代社会就是商业社会！

这一观念影响深远。在这种观念下，现代社会的起点，被西方学者追溯到了古代的地中海地区，在那里，商业社会很早已见原型。早在三千年前，擅长航海和做生意

的腓尼基人就开始向地中海地区扩张自己的商业版图。腓尼基人最早可能也是生活在内陆的族群，但是在控制了今天叙利亚的东地中海沿岸后，就开始利用自己精湛的手艺来制作商品出售，同时利用优越的地理条件大肆做海上贸易。他们先是控制了东地中海特别是爱琴海世界的商业活动，然后继续向西开拓市场，最后成功地在今天西班牙所处的伊比利亚半岛沿岸建立起了商业据点。再后来，他们

图2　腓尼基人的船只

商业贸易的渊源非常古老，却不能被认为是现代社会的源头。

腓尼基人是最早的海洋商业民族之一，"腓尼基"意为"紫红色"，这一名称源自他们持续出口的紫红色天然染料。这幅表现腓尼基人商船贸易活动的浮雕，最早被装饰在新亚述国王萨尔贡二世（前722—前705在位）的官殿中，现收藏于卢浮宫。

在北非的突尼斯湾沿岸建立了整个西地中海最重要的殖民地——迦太基，这个基地成为后来崛起的罗马的强大对手。"迦太基必须毁灭"，两大强权的血战以罗马的胜利而告终，但罗马也继承和发扬了腓尼基人开创的地中海商业世界的版图，继续频繁地从事海上贸易。

这一现代社会原型的成长，不幸为日耳曼蛮族对罗马帝国的入侵阻断，于是欧洲陷入中世纪的蒙昧黑暗之中，也就是精神上的非理性主义与政治上的领主权力所造成的双重桎梏。后来，比利时历史学家亨利·皮朗（Henry Pirenne，1862—1935）提出了一个影响广泛的修正，他将地中海商业文明的中断节点放到了穆斯林势力入侵欧洲的时代，由于穆斯林的入侵，贯穿地中海的东西方贸易通道被封闭了。

尽管皮朗之后，还有修正不断出现，从马克斯·韦伯到布罗代尔，不同的西方学者从斯密的原始观念出发，做了形式各异的发挥；但是，所有这些修正和发挥，都没有从根本上改变现代社会起源于商业大发展这一核心观念，仍然共享着同样的"下意识"。

在这种商业化模式的解释下，现代社会作为商业社会，它的起源不是问题，它的原型在文明之初就出现了；它的降临不是问题，地中海的古希腊、古罗马各个城市就是它最初的肉身；它的发展不是问题，它只是被蛮族入侵或者穆斯林入侵这样的意外事件打断了；它的复活也不是问题，西欧的商业阶层和他们的自治城市就是浴火重生的凤凰！

这种对现代社会起源的商业化模式描述，还隐含着一层含义，那就是——传统社会与现代社会之间没有质的区分，而只有量的累积变化。

住在城市里的市民既然是商业活动的参与者，自然也就是新社会的缔造人，商业化或者现代化的历史进程，就是一部从古希腊古罗马城里人、中世纪市民到近代资产阶级的成长史。

对于非西方的学者来说，从这个解释中可以轻易嗅到强烈的"欧洲中心论"气息。在这样一种"欧洲中心论"的观念之下，现代社会的源头来自地中海地区，欧洲之外的因素（比如入侵而来的蛮族、穆斯林）都是阻碍现代社会发展的，只有欧洲的道路才是现代社会的正确道路。

不能苟同！

随着历史与社会研究的深入，用源自斯密的商业化模式及其变形模式来解释现代化的历程，已经越来越捉襟见肘，不敷使用。众多的研究者提出了新的辩驳材料，并呼吁以新的范式思考。

在此，我们提出关于现代社会的新构想，这种新构想的核心要素非常简洁，它就是——**粮食产出的确定性**。

有了粮食剩余，人类才有了社会分工，才有了从部族时代到文明国家的跨越，几乎人人都知道这个常识。但是，在对文明国家诞生之后的历史考察中，"粮食剩余"这样一个曾经重大的因素却消失了，几乎没有人用它来解释文明时代以来的历史。对于文明进程，粮食剩余就像是一个失职的母亲，"管生不管养"。

而在我们的新构想中，我们尝试去解释"粮食产出的确定性"对人类社会有何深远影响。粮食产出的确定性，就意味着粮食剩余的确定性，因此，我们所做的事就是找回粮食剩余因素在历史理论中的重要性。

具体来说，粮食剩余因素如何影响了人类社会？

第一种情况，在粮食产出不确定从而余粮也不确定的地方，必定会出现生存危机，这将迫使人们去为暴力斗争早做准备。

在这种情况下，人们会倾向于快速地增殖人口。从小团体的角度来看，幸运的情况下，人多力量大，在血缘纽带下团结在一起，更有可能战胜他人，夺取更多的生存资源；不幸的情况下，人多机会多，失之东隅收之桑榆，也更有机会把血脉延续下去。但是，从全社会的角度看，每个小团体都在快速增殖人口，而土地却是有限的，就会在太少的土地上累积太多的人口，反而造成更大的危机，如此循环往复，使危机愈演愈烈。于是，一个个小团体避险的策略，将整个社会推入了高风险、高冲突的境地。避险行为推动危机爆发，而危机爆发又刺激避险行为，成为这种生存环境下无法逃避的悖论。这种悖论引发社会震荡，为生产和贸易设置了障碍，成为通向现代社会道路上的泥潭，阻碍了现代社会的产生和发展。[①]

第二种情况，在粮食产出更确定从而余粮也更确定的地

① 欧亚大草原上的游牧民族依赖牛羊为生，就像农业民族依赖粮食一样，在这里，牛羊就是粮食的等同物，因此我们不单独对它去做理论上的探讨。

图3　玉米神之舞

文化（culture）源自拉丁语中的"colere"，意为"耕种"，文化即耕种，正是农业塑造文明的隐喻。

此图属于玛雅文化的 San Bartolo 壁画，玉米之神将玉米赐予人类君主。

方，生存更有保障，人们会比较安于和平而不是时刻准备着斗争。

在这种情况下，人们会倾向于让自己迈向更高的生活水平而不是忙于增殖人口，从而减少了土地上的人口堆积，维持了余粮可期，反过来强化了生存保障，进一步支持了和平的可持续性。清朝乾隆皇帝有句话：

> 天下无不食米之人，米价既长，凡物价、夫工之类，莫不准此递加。

把这句话反过来，人们凭经验就知道：在粮食产出确定的社会当中，各种产品和服务的价格都比较稳定，从生产和贸易中获利可期，因而能够将一定的人力和物力投入各种生产和贸易活动中，去发财致富，这又会增加政府的工商业税收，降低政府对土地赋税的依赖，对粮食产出构成支持。稳定的生产与和平的社会互相推动，成为文明进步的加速器。

　　综上所述，粮食产出的确定与否，就激发了两种相反的社会运动正反馈，成为决定文明演进方向的"历史之舵"，这就是本书所要探讨的核心主题。这样的一套历史观念，我们称之为**"粮舵"（粮食风险作为历史之舵）**，它更加深入地揭示了粮食剩余和文明社会之间的关系，用一句话来概括，那就是：

粮食风险塑造国家道路。

　　本书就是这种新构想在历史考察中的运用。作为一本尝试与广大读者沟通共鸣的书，我们力求让它简洁而清晰地表述我们心目中的"现代世界的起源"。希望它能够激发广大读者的兴趣，成为理解"粮舵"的一个导引。

2023 年于上海

目录

序 章

生命中的快与慢

鹰击长空，鱼翔浅底，万类霜天竞自由。

——毛泽东《沁园春·长沙》

毛泽东年轻时写的这首词，透过青年人的眼睛，向我们展示着世界的勃勃生机。一只鹰，一条鱼，任何一个生命，都在天地之间竞逐自由。可是，究竟什么才是它们所竞逐的自由呢？

其实，雄鹰和游鱼这样的"万类"能够付诸行动的竞逐目标，一定不是什么高大上的东西。生命的一切奋斗，用哲学家们文绉绉的话来说，为的不过是"自我持存"；用大白话通俗地讲，也就是"让自己持续地活着"。可是，要怎样做才能达成这个目标呢？

也简单，不外乎是活着（即延续自己的生命）和生娃（即繁殖后代）这两件事儿互相配合好。不生娃光自己活着不行，那样就没有可能持续；但是要活着才能生娃，死了就没有机会。活着和生娃之间的配合，其实是大有玄机的。那么，这两件事要怎样才能配合好呢？

让我们从生命的智慧中学习，看看它们是怎么做的。

1954 年，英国鸟类学家戴维·拉克（David Lack，1910—1973）注意到，鸟类中存在着两种相反的倾向：

某些鸟类生育较少，但是给予幼鸟较多的照顾；而某些鸟类生育较多，但是给予幼鸟较少的照顾。1967年，美国生物地理学家罗伯特·麦克阿瑟（Robert MacArthur，1930—1972）和爱德华·威尔逊（Edward Wilson，1929—2021）推进了戴维·拉克的研究，总结出了相反的两种资源分配倾向。1970年，美国生物学家埃里克·皮安卡（Eric Pianka，1939—2022）指出这两种倾向与生存环境之间的关系，最终形成了所谓"生命史策略"理论的基本框架。

那么，这个理论告诉了我们什么呢？我们把它归纳如下：

生命必须在个体成长和繁衍后代之间权衡，这种权衡就是生命史策略，它是一个以"慢策略"和"快策略"为两端的连续谱系，"慢策略"倾向于致力个体成长，而"快策略"倾向于快速繁衍后代。如果生存环境（影响生存机会的种种因素，比如食物获取）的确定性很高，那么生命就更倾向于"慢策略"，致力成长，专心提高个体竞争力，以个体竞争力赢取更好的持存机会。而如果生存环境的不可预测性很高，那么生命就更倾向于"快策略"，努力繁衍，尽快提高群体数量，以群体数量赢得更好的持存机会。[①]

下面我们就用大白话来翻译一下这一套生命史理论。

要把"持存"的大业搞好，难，也不难，它不外乎在两件事情之间权衡，到底要在哪件事上更用力、用心。一

① 在学术话语中，"快策略"被称为R策略，"慢策略"被称为K策略。

曰"个体成长"，用老祖宗的话来讲，就是光宗耀祖，烈火烹油，鲜花着锦；一曰"繁衍后代"，用老祖宗的话来讲，就是开枝散叶，多子多福，平淡是真。雄鹰和游鱼一定听不懂这两句话，但是托本能的福，它们都会实实在在地做这些事。

我们人类作为"万类"之一，不管是托本能的福，还是受父母之教，这两句行动指南也都实实在在地渗透到了我们的行动当中。

在所谓光宗耀祖这件事情上，想象你是一个养成游戏中的主人公，要积蓄资源成就自我，才会有更好的生活，也才有君子或者淑女会看上你，生好养好。光宗耀祖这件事情，做好了你能金玉满堂、魅力四射，孩子能生下来就含着金汤匙。但是顾此会失彼，大概率就来不及多多生养孩子了；极端情况下，甚至是来不及生养了。

在所谓开枝散叶这件事情上，你不玩什么养成游戏，直奔主题，嫁不了君子可以嫁匹夫，娶不成淑女可以娶村姑，早生多生，平平淡淡才是真。开枝散叶这件事儿，做好了你可以先行一步、子孙满堂。不过一心难两用，大概率自己和孩子们都积攒不到太多资源，一生操劳，辛苦不易；极端情况下，一家人甚至会就此消逝在茫茫天地间。

总结起来就是一句话：**世间没有无风险的选择**。要想把"持存"这件事情做好，是光宗耀祖更重要，还是开枝散叶更重要？重要多少？这是一件很费思量的事情，一着不慎可能就满盘皆输。那么，究竟应该怎样在光宗耀祖和开枝散叶之间做权衡呢？

生命史理论告诉我们，这两件事情并没有哪个天然更重要，哪个天然更不重要。一切权衡，最终都要根据生存环境的性质来做抉择。"虾有虾道，蟹有蟹路"，地球上的万千生命，各有其生存之道。这万千种生存道路，也就是万千种抉择。

我们把光宗耀祖、致力于个体成长的倾向，称为"慢策略"；把开枝散叶、致力于早生快生的倾向，称为"快策略"。真实世界中的万千抉择，就在慢和快的两个极端之间构成一个连续的策略谱系。

我们人类作为万物之灵，也同样要面对这种权衡。古人类出现在地球上，已经有数百万年了；现代智人出现在地球上，也已经有数十万年时光。和其他生命一样，人类也走过了漫长的进化之路。从生物层面上说，人类是典型到不能再典型地倾向于"慢策略"。母亲每一胎通常只养育一个孩子，幼童需要父母长达十多年的抚养和教育。相比于其他生物，人类的寿命也是比较长的，体形虽然不突出，但是在生物世界里，也不算是"小个子"的那一类；并且，作为生物链顶端的物种，人类在万千生命中的竞争力更是不容置疑。但是，人类是如此智慧的生命，作为生物特征上的慢策略者，仍然可以根据生存环境的变化，在婚姻、家庭等社会行为上继续做出灵活的选择。

同一个社会中的人类个体，可能致力于投资自我，成为人中龙凤，而不急于完成各种人生大事；也可能早结婚早生娃，安于绵延后嗣，多子多福。我们在这里看到的正是人类选择的灵活性。不过，让我们超越个体视角，去思考作为一个整体的人类社会，它是否也有自己的策略倾向性呢？

每个社会都包含了众多个体。对于这些个体而言，他们的机会和愿望都是不同的。机会总是特殊的，愿望总是主观的，作为旁观者，我们可能永远也没有办法预测他们会怎么想、怎么做。但是，对于一个社会来说，所有个体的生存环境，都建立在一些最基本的要素之上。当我们考察整个社会的时候，由于个体众多，所有这些特殊性和主观性，就会被统计规律抹去，而那些最基本要素的影响力，因为遍及所有人，就会被统计规律凸显。

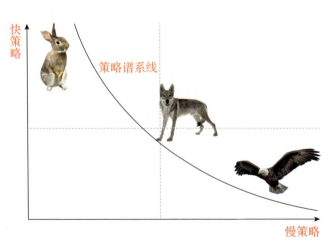

图4　快策略VS慢策略

世间没有无风险的选择，快与慢各有利弊。

自从一万多年前的农业革命以来，人类社会就依靠着农业生产繁荣起来，"生养众多，遍满了地"。古人说，"民以食为天"，人首先要吃饭，才能生存，才能繁衍，才能做其他事情。因此，自古以来，对于任何一个社会而言，收成好不好，余粮多不多，就是评价它生存环境好坏的基准。这个基准被一个社会中的所有个体共享，它的影响力在众多的个体之间形成"共振"，就会凸显出来。

　　生命史理论告诉我们：如果生存环境的确定性很高，那么生命就更倾向于"慢策略"；如果生存环境的不确定性很高，那么生命就更倾向于"快策略"。因此，对于任何一个社会而言，如果它的粮食收成时好时坏，余粮时有时无，缺乏保障，那么这个社会就会整体性地倾向于早生快生，快速增加人口；相反，如果它的粮食收成稳定，余粮可期，生存无忧，那么这个社会就会整体性地倾向于积累资源，热衷于发财致富。

　　自古以来，种田这事儿都是"靠天吃饭"。收成好不好，余粮有没有，主要看老天爷给不给面子。每个社会都有专属于自己的农业神灵，也就代表着自己独特的自然环境。这些土地神灵的性情，或者温和仁慈，或者暴虐无常，或者介于二者之间，粮食收成是否稳定，余粮是否可期，也就各有不同。相应地，这个社会也就会整体性地在"快策略"早生快生和"慢策略"发财致富两种倾向之间站位，这就是人类社会与农业生产之间的"天人之际"。

图5 掌管农业与谷物的
地母德墨忒尔（庞贝壁画
复原图）

积渐之致，能以微
脆之形，陷坚刚之体。正
是来自大地女神的养育，
在漫长的岁月中塑造了
人类文明的千姿百态。

概言之，"饮食（粮食风险）决定男女（家庭结构），
男女（家庭结构）决定社会（文明特征）"，这就是人类社
会与农业生产之间的"天人之际"。

由于特定地方的气候特征不易改变，该地粮食收成的
稳定性也就不易改变，该地社会的快慢策略站位就会长期
保持，所谓"积渐之致，能以微脆之形，陷坚刚之体"。一
个社会长期保持某种策略站位，就会对它的历史道路造成

深远的影响。

自然环境是否稳定—粮食收成是否稳定—余粮是否可期—整个社会倾向于快策略或慢策略—影响历史进程（比如现代社会能否诞生）

从万类的生命史策略到人类的社会策略，我们已经可以从理论推演上一窥粮食产出稳定性对历史的深刻影响。接下来，我们以"粮舵"理论从史前文明的兴衰开始，剖析古代中国社会为何会倾向于"快策略"而非"慢策略"，这一基本特征又如何影响了古代中国的历史进程。

第一章

史前文明的起落生灭

虽然中国是世界四大文明古国之一，但是在很长的时期里，和埃及文明、两河文明那样有据可考的漫长历史相比，似乎总有些底气不足。

按照中国的古史记载，从三皇五帝的神话时代算起，中国文明的历史大概是有五千年的，于是有了上下五千年这么个说法。但是在很长一个时期里，这个说法一直被人吐槽，毕竟神话时代能不能算数，实在是要打一个大大的问号的。早期的考古发现，特别是殷墟及甲骨文的发现，只是确证了商王朝的真实存在；而在此前的夏王朝，在当时的考古发掘中还处于迷雾状态。

所以，长期以来西方人就认为，扎扎实实、有据可考的中国文明史，充其量只有三千多年，也就是撇开夏，只从商算起。上下五千年不能算数，中国人心里是颇有不甘的。那么，我们中国人的文明史到底有多久？文明之初又是怎样的一番面貌呢？

好在经过几代考古人的不懈努力，遥远缥缈的早期中国文明史一步步地清晰了。在夏王朝这个古史记载的文明正源之外，考古工作者在中华大地上还发现了多个文明源头，虽然古书中没有关于它们的详细记载，但是不妨碍它们共同塑造了多元一体的中国文明这一历史事实。因此，中国文明的源头岂止是夏，它比夏更为久远。

这些文明源头中的突出者，就是曾经繁荣在吴越地区环太湖流域，距今5200年至4300年间的良渚文化。波音在《无字史记：基因里隐藏的祖先秘史》当中汇总了有关良渚古城的考古发现：

在浙江余杭，一座宏伟的良渚文化城池展现在世人面前。这座巨大的古城内外共有三层：外面的一层是外郭，面积达8平方千米；向内第二层是内城，面积约3平方千米，城墙周长6.8千米，墙基宽20～145米，全部用大卵石堆叠而成，墙体则用黄土堆积；内城的中心是宫殿，宫殿基址是一个规整的长方形高台，台高约10米，东西长达670米，南北宽达450米。在这座城池外面的北方和西北方，古人用11条草裹泥包垒砌的防洪大坝，构筑了大型的水利工程，保护着城池免受洪灾侵扰。……发掘良渚古城的考古学家估计，仅修建古城中心的莫角山高台、内城墙和外城墙，以及周围的大型水利工程，就需要约1200万立方米的土方量。如果简单地以每人每天1立方米的土方工作量计算，大约需要33000人不间断地劳作一年。按照1万人每年劳作200天计算，整个工程建设需要6年多。一个5000多年前的古代社会要完成如此巨大的工程量，必须有足够的劳动工人，还要有大量的粮食和其他生活用品的供给，这就需要非常多的农业人员和手工业人员。

另外，良渚古城中还出土了众多作为礼器的玉器，标志着王权、礼仪系统和社会分层，标志着国家的初级形态。有着这样一座城池和器物的良渚文化，能否称得起文明时代呢？

在过去，跨入文明门槛的标准是三条：

1. 城市
2. 青铜器
3. 文字

如果按照这样的标准，良渚文化没有文字和青铜器，它是否跨越了文明的门槛，确实存疑。而一种新的看法，将文明门槛修订为以下几条：

1. 较大规模的定居点
2. 劳动力的分工与专门化
3. 剩余产品和剩余劳动的集中
4. 社会分层和阶级的形成
5. 国家组织的出现
6. 大型公共建筑的出现
7. 文字的使用

从这些标准来看，除了已经发现的一些刻画符号还不能确认为文字，其他条件良渚文化都具备了。在当时的中华大地上，这是最为先进的文明现象，在某些方面，与同时代的埃及文明和两河文明相比，也毫不逊色。

但是，这样一个灿烂的文明源头，在距今4300年前后衰落了，从此默默无闻，直到过去的几十年中才被逐渐发掘出来，重见天日。这又是为什么呢？

本书的核心是**"粮食风险"**，因此让我们从良渚文化那个时代的粮食产出说起。

在同时代的中华大地上，良渚并不是唯一的文明源头。实际上，中国文明的地域如此广大，它的早期源头有好多个，大可以用"满天星斗"来形容。自新石器时代以来，按照地理位置、文化渊源和发展道路，与中国文明关系最紧密的早期源头分别是甘青文化区、西辽河文化区、中原文化区、海岱文化区、江汉文化区和吴越文化区。毫无例外，这些早期源头的出现，都是农业生产发展的成果。一方水土养一方人，每个地方特殊的水土环境，塑造了它特殊的农业生产。良渚文化属于吴越文化区，其特殊之处就在于它单纯地依赖低地平原上的水稻栽培。

水稻，是中国文明中的重要因素，也是唯一被人类驯化栽培的湿地植物。考古发现，属于吴越文化区的浙江上山文化遗址中出现了一万年前的稻米遗存。水稻驯化栽培的迹象，在距今9000年到8000年间，出现在中国的多个地方。当时气候温暖湿润，除了吴越文化区的上山文化和后续的跨湖桥遗址，稻米遗存还出现在江汉文化区的彭头山遗址，以及海岱文化区和中原文化区的多处遗址中。但是到了距今7000年前后，海岱文化区和中原文化区的情况发生了变化，有的地方文化中断了，有的地方接受了北方粟

图6 良渚遗址示意图

沧海桑田，无数文明故事湮灭在环境巨变造成的历史尘埃之中。

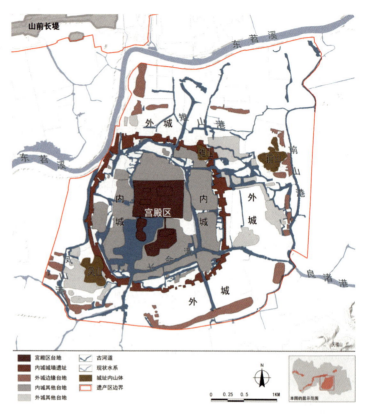

黍农业，不再栽培水稻，只有吴越文化区和江汉文化区还在持续地发展水稻栽培，上山文化和彭头山文化就成为水稻栽培的直接源头。

水稻栽培在江汉文化区和吴越文化区持续发展，在距今6000年前后进入了成熟阶段。时移世易，中原文化区和海岱文化区已经消失的水稻栽培，这时候又从江汉文化区和吴越文化区重新引进。同时，北方各文化区进入了成熟阶段的粟黍栽培，也向南方传播到了江汉文化区。就在这个时期，良渚文化的粮食产出显示出了它的特殊性，在上山文化之后，经过跨湖桥文化、河姆渡文化和马家浜文化、崧泽文化，最终是良渚文化，水稻一直都是吴越文化区唯一的农作物，并未引入来自北方的粟黍栽培。

吴越文化区的基础，建立在单一的水稻栽培上；而中原文化区、海岱文化区、江汉文化区，都是粟黍栽培和水稻栽培兼有；甘青文化区和西辽河文化区则是单一的粟黍栽培。请读者注意这个重要的区别，它将对各文化区的发展道路带来重大影响。

以上这些文化区和远古文明逐渐步入繁荣，说到底与影响中华大地的气候因素是有直接关系的。

从距今近万年的农业初兴，到中华大地步入文明古国阶段之前，这一时期被考古学家粗略地划分为两个大的文化时期：仰韶文化时期和龙山文化时期。考古资料显示，黄河流域远古文化的发展主要经历了三个阶段：前仰韶时期（距今9000年到7000年），文化遗址数量少且分散；仰韶时期（距今7000年到5000年），文化遗址数量显著增加，分布范围扩张至黄河及支流谷地；龙山时期（距今5000年到4000年），文化遗址分布空间进一步扩张至丘陵地带。

距今9000年到7000年前，我国处于新石器时代中期，此时气温不断升高，在距今约8400年时达到最高，稳定暖湿的条件为人类生存提供了适宜的环境。季风减弱，最大

图7 新石器文化区示意图

满天星斗的中国文明源头。

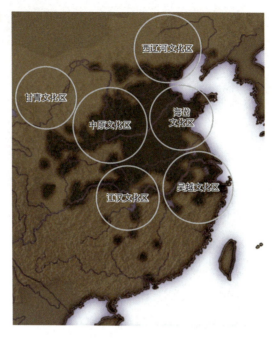

降雨带集中在长江下游。此时考古学意义上的文化区范围扩大，在我国北方发现的粮食作物主要是粟和黍，在我国南方主要是水稻。其中北方的旱作农业从距今8000年前后开始逐步扩张。

之后的仰韶文化得名于1921年发现于河南省渑池县仰韶村的考古遗址，由于这种远古文化以丰富的彩陶为显著特征，又被称为彩陶文化。仰韶文化的年代在距今7000年到5000年之间，延续了2000多年。仰韶文化作为中国新石器时代最重要的考古文化，曾经广泛地分布于黄河中下游及其边缘地区，大约处于北纬32°—41°、东经106°—

114°之间，大体以黄河中下游的河南、山西和陕西为中心，西部到达甘肃境内的渭河上游和洮河流域，东部到达山东与河南交界处，南部越过南阳进入湖北省，北部到达陕晋冀蒙交界区的长城一带，分布面积达100万平方千米，称得上是一个史前文化巨无霸。

从农作物类型来看，仰韶文化时代的农耕生产在北方以驯化、种植粟和黍两种农作物为特点，属于典型的北方旱作农业传统，而在南方长江流域则以水稻的驯化和种植为特点。北方的这两种作物也就是我们通常所说的小米和黄米。仰韶时期充足而稳定的降水，使得黄河河谷里的众多平坦黄土台地适宜于农作物粟黍的种植。在仰韶文化早期，对于粟和黍的驯化还没有完全完成，因此当时的农耕生产尚未完全取代采集狩猎，通过采集获得的野生植物仍然是重要的食物资源。随着技术和社会的发展，农耕生产比重逐渐增大，采集活动逐渐减少。最早驯化的农作物可能是更加耐旱的黍，所以仰韶文化早期农耕活动以黍的种植为主；后来粟被完全驯化，产量提高，相对于黍来说更有优势，于是农耕活动逐渐转入以粟、菽（即大豆）甚至水稻为主的多样化的农业生产模式。到了仰韶文化晚期，通过采集野生植物获取食物资源的必要性已经微不足道，农业生产终于取代采集狩猎成为仰韶文化的经济主体，以仰韶文化为代表的中国北方地区正式进入以农业生产为主导经济的社会发展阶段。当时中华大地上人口还不多，人们居住在规模较小的村落里，社会阶层也没有明显的差异，是一派田园牧歌般的远古图景。

仰韶时期是一段好时光，当时中华大地上气候总的来说较为暖湿，也较为稳定，广大地区的文化面貌也很相似。经过这段美好时光的发展积累，在距今6000年之后，各个文化区开始分化，到距今5500年之后，前面提到的六大文化区先后开始了文明化进程。此时的良渚文化已经摸到了文明门槛，甚至是进入了文明社会的初级阶段，成为文明进程的先进代表。

这种从相对统一的仰韶文化面貌向多个文化区的不同面貌的转变，背后实际上是中华大地从仰韶时期向龙山时期转变的大背景。

大约从距今5500年开始，仰韶文化高度统一的局面开始瓦解，各地文化的独立性和不平衡性凸显了。从那个时间点开始，中国北方的气候逐渐由暖湿向干冷变化。所以，中华大地上文化面貌的改变，可能是气候变迁在各地农业社会上的表现。

中华大地上开始了一场轰轰烈烈的"重组"。前面我们谈到的那六大文化区，一方面承接了仰韶时期积累的人口数量和多种多样的农业种植经验，另一方面在龙山时期的环境变迁中，开始了社会转型，贫富贵贱的阶层出现了，人口大规模集中的城址出现了，大规模的农耕生产也出现了。

随着文化的重组、人群的流动，社会越发动荡。剧烈的冲突似乎首先发生在村落之间，有实力的村落开始构筑城垣工事，在对付那些强大近邻的同时，逐渐谋取了聚落群的领导地位。于是，小国林立，相互之间征伐不断，血腥、暴力开始成为那个时期的主旋律。

从城垣建筑上，我们就可以一窥当时冲突激烈的社会形态。

东亚地区的史前城址，最早出现在约6000年前的长江流域（湖南澧县城头山）。在随后的仰韶文化后期至龙山文化，也就是从大约距今5500年到4000年前，被称为东亚"大两河流域"的黄河流域和长江流域的许多地区都出现了大小不一的城址，它们如雨后春笋，层出不穷。从城垣建筑技术的角度看，大两河流域星罗棋布的城址可以分为三类：第一类是黄河中下游地区，以夯土版筑城垣为主（黄淮河下游版筑与堆筑兼有），有的还辅之以护城壕；第二类是以黄河河套地区为主的北方地区，为石砌城垣，一般依山而建，据险而守；第三类位于长江流域，其特点是以宽壕为主，垣壕并重，城垣堆筑而成。这三类城址，可分别称为土城、石城和水城。

典型的石城案例就是石峁古城。作为中国史前最大的古城，其面积超过了400万平方米。石峁古城位于蒙古高原与黄土高原交界的山地区域，大概在距今4300年前开始建城，延续了300年后遭到毁弃。整个城池分为三重结构，将城池分成了外城、内城和皇城台三个部分。城墙内实夯土，外砌石块，石砌墙体非常平整，连墩台拐角处都成直角。城门结构复杂，包含内外两重瓮城拱卫城门；城墙上分布着突出墙体的马面和角台，无死角地守护着城墙。由此可见，当时的筑城技术已经十分成熟。石峁古城的古代建造者们还在城墙墙体里镶嵌了各种玉器，比如玉铲、玉璜等，说明他们信奉玉器具有神秘的力量，能够保佑他们的城池固若金汤。他们花费如此巨大的精力来修建巨大的城池，说明4000年前的战争烈度已经很高了。

土城、石城具有十分强大的防御能力，反映出当时的社会冲突十分剧烈，聚落民众不得不加强防御以自保。水城相对来说防御能力弱一些，可能兼具防御自然灾害、野生兽类以及外敌骚扰之用。总之，大规模防御性城垣的出现，标志着仰韶时代的田园牧歌一去不复返，龙山时代各个文化聚落之间掀起了"军备竞赛"。

冲突动荡之下，到距今4000年前后，各个文化区纷纷退场，只有中原地区的文明进程得以幸存并继续演进，其他地区的文明进程，则以各种姿态衰落了。

首先衰落的，是西北地区的甘青文化区。春风不度玉门关，这里是东南季风所能到达的内陆极限，降水稀少，气候偏干燥。在温暖湿润的时期，它的粮食产出还能维持，但是在距今5000年前后，气候逐渐变干变冷，这里的文化发展开始停滞。到了距今4000年前后的齐家文化，虽然出现了比较发达的青铜技术，但是并没有挽回颓势。随着气候进一步变干变冷，甘青文化区的农业进一步衰落并最终消失，碎裂成为多个以牧业为主的次级文化类型。

其次是西辽河文化区，在距今5500年前后，这里已经出现了以牛河梁遗址为代表的大型祭祀遗址，包括女神庙、积石冢和祭坛，被称为"中华大地上的第一道文明曙光"。但是距今5000年前后，这里的气候开始变干变凉，伴随着科尔沁沙地的扩张，文化也衰落了，遗址数量锐减，分布地域缩小。

在这两个以单纯粟黍栽培为基础的文化区衰落之后，接下来衰落的，就是吴越文化区单纯以水稻栽培为基础的良渚文化。在气候干凉化时期，季风气候下的中国地区降雨带南移，造成北旱南涝的南北差异。距今5000年前后开始的气候干凉化初期，良渚文化仍然保持了它的发展势头，但是这种幸运未能持续太久，到了距今约4200年前后，位于环太湖低地平原上的农田和聚落，被北旱南涝带来的洪水淹没，整个地区的文化迅速衰落，吴越文化区的文明化进程就此结束。

海岱文化区和江汉文化区，相比前面几个文化区，对气候变化做了更久的抵抗。在距今5000年到4000年之间，这两地的文化发展都迈进了文明的门槛，进入了社会分层乃至建邦立国的阶段。但是到了距今4000年之后，尽管没有像前面三个文化区那样接近于断绝，却都显著地衰落了。①

唯有以关中、晋南和豫西为核心地带的中原文化区有着特殊的地理环境，从海拔几十米的平原到海拔一千多米的黄土高原，多种多样的地形上，除了一些山地，都覆盖

① 学者们采集了史前文明地域的古代气候湿润度资料，如图8所示，纵轴表示湿润度，分为5级，横轴表示距今年代。在距今4200年到4000年前后（图示横轴末端4.2～4.0kaBP），有一个从湿润到干冷的气候突变（北方干旱，南方洪涝），极大地推动了各史前文明区域的兴衰。

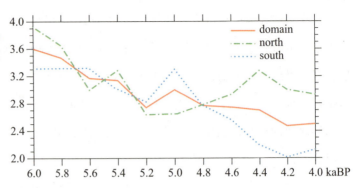

图 8　6 ～ 4kaBP 全区（domain）、北部（north）及南部（south）平均气候湿润指数

着厚厚的黄土。这里的粮食产出以旱地粟黍为主，在气候变化的情况下，粟黍耕作可以在不同海拔的土地上转移，从而获得抵抗打击的回旋余地。因此，在距今 5000 年前后开始的气候干凉化时期，中原文化区并没有遭遇重大的衰落，并且进一步地发展了。在其他文化区的文明进程或停滞或断绝的大背景下，多元发展的时代终结，以中原文化区为核心的新时代来临了。

　　这个中原文化区的核心就是二里头文化。

　　二里头文化是中国最早的青铜时代文化之一，因最早发现于河南偃师二里头而得名。二里头遗址地处黄河中游洛阳盆地东部，整个文化区域主要分布于以河南西部为中心的黄河中游地区，年代相当于距今 3800 年到 3500 年之间。

　　目前考古学家已经发现的属于二里头文化的遗址有 500 余处。从二里头文化的聚落分布大势中可以看出，这个文化是由数百万平方米的王都（二里头都邑）、数十万平方米

图9 坡地农田（黄土高原）

在不同海拔的黄土坡地上转移，粟黍种植有了抗击气候巨变的余地。

的区域性中心聚落、数万至十数万平方米的次级中心聚落及众多更小的村落组成，形成了金字塔式的聚落结构和众星捧月式的聚落空间分布格局。比如，位于二里头遗址以东约70千米的荥阳大师姑城址（总面积约51万平方米），就可能是二里头都邑设置在东部边境的军事重镇。

从这样的规模和布局来看，二里头文化实际上已经真正跨入了文明古国的门槛，是典型形态的古代文明。二里头文化具有特色鲜明的陶器群，又因这些陶器和其他文化因素的地域差异被划分为若干地方类型。农业经济为粟作和稻作并举，已有高度发达的铸铜、制造玉石器、制陶和制骨等手工业；最令人瞩目的是，其已掌握了用复合范制造青铜礼器的高超技术。二里头文化在广泛吸收各地文化因素的基础上，又向周边地区大幅度地施加文化影响，成为当时东亚大陆上最早的"核心文明"。

就这样，在龙山时代动荡的大背景下，前面所述的同时代几大文化区相继衰落，中原文化区之外的各个文明源流纷纷落幕，而二里头文化却强势崛起，使中原文化区成为中国文明正源。

而在不同的古代文化起落生灭的背后，是面对气候变干变凉这一环境变化，几大文化区农业适应能力的强弱差异。

粟黍作为旱地作物，对水分的要求较低，而水稻是湿地作物，对水分的要求较高。虽然中原、海岱和江汉这三个文化区兼有粟黍和水稻，但总体而言，北方文化区以栽培粟黍为基础，而南方文化区以栽培水稻为基础。

粟黍作物在降雨量600～650毫米的区域才能正常栽培。甘青文化区和西辽河文化区都靠近季风降雨的边缘地带，相对其他文化区降雨量偏低。在气候温暖湿润时期，这里可以满足粟黍栽培的要求，但是在干冷的大趋势下，这里无法维持粟黍农业所需要的最低降雨量，农业基础消失了，文化也就随之衰落断绝了。

海岱文化区和江汉文化区的地形都以平原为主，水稻栽培发达，也兼有粟黍栽培。在北旱南涝的大背景下，平原上的洪水破坏了水稻栽培；而粟黍栽培作为一种补救，保持了这些文化区的一线命脉，在衰落的大趋势下能够有所维系。

相比于黄河、长江流域的其他三个文化区——中原、海岱和江汉，良渚文化完全依赖于环太湖低地平原上的水

稻栽培，农业基础最为单一，也最为脆弱。在低地平原被洪水侵袭之后，良渚文化完全失去了繁荣的农业基础，比起海岱文化区和江汉文化区，它衰落得更早、更快，也更为彻底，从繁荣之巅跌入毁灭之渊，与中原文化区的持续繁荣形成了对比的两极。

请读者注意，吴越地区这种特殊的地理环境带来了特殊的农业生产条件，这种特殊性将在很长的历史时期中持续存在，于是这种从巅峰跌入谷底的戏剧，还将在春秋战国时代吴越两国骤起骤落的命运中再次上演。

进一步地，吴越地区文明发展的起落生灭，是所有古代文明历程的一个隐喻，在无法抵抗的气候变化影响下，无可更改的农业兴衰大潮袭来，永无止息，各个文化、文明随波起伏，命运多舛。从粮食风险的角度看，中华大地上的气候等因素决定了这里的粮食产出是起伏不定的，不仅在短期内有着强烈的波动，长期也是如此。仰韶时代的那种田园牧歌只是一段特例，中华大地上的纷纷扰扰才是常态。而中华文明也就从龙山时代的动荡中走入了文明古国阶段，走向了较为和缓的西周和极度激越的春秋战国。

第二章

周秦不二：
传统中国的隐深进程

英国历史学家阿诺德·汤因比（Arnold Toynbee，
1889—1975）把人类文明发展的原动力总结为"挑战—
应对"，自然环境对人类社会提出挑战，而人类早期文明
在应对挑战的过程中走向了繁荣。古埃及文明征服了尼
罗河三角洲的原始荒蛮，把一片蚊虫肆虐的沼泽改造成
了历史上最早的丰饶之地；阿提卡（今日希腊包括雅典
在内的东南沿海区域）的滨海平原面积有限，山岩裸露，
可以耕种的土地很少，阿提卡的人们却把自己的商业天
才淋漓尽致地展现了出来，古希腊商业文明诞生了；同
样，中国古代文明的兴起也与对东亚大河流域自然环境的
艰苦改造密不可分……当人类文明度过最初的发源期，进
入蓬勃发展后，各个子文明之间彼此互动，交相辉映。此
时"挑战—应对"模式不仅发生在自然环境与人类社会之
间，还发生在不同文明之间，它们在优胜劣汰中互相交流，
形成具有普遍意义的共同文明元素。

　　在我们看来，汤因比所说的外部环境的挑战，因气候
等自然因素造成的粮食风险，给人类社会带来了生存危机，
这就构成对每一个古代文明的挑战。面对这种生存危机，
古代文明则用以耕养战来加以应对，反过来，这种应对又
强化了粮食风险，进一步加深了这种生存危机。这种"挑

战—应对"模式下的"危机—行动—危机"正反馈，就构成了对于每一个古代文明发展历程的根本推动。

具体到传统中国来讲，周秦之变，一直被认为是历史的重要关节。周朝延续了长达八百余年的分封制度，诸侯林立，到了秦并天下之后，变成了郡县制度，形成了大一统帝国。周秦之间政治结构、治理方式发生了巨大的变化，因此史学界有了"周秦之变"的说法。

但是，历史中的变与不变，正是相反相成的一体两面，从不变的视角去看待周秦之变，恰恰能够帮助我们去理解那些流传已久的所谓历史谜团。本章所要讲述的，就是推动周秦之变的不变因素，也就是为不稳定的粮食产出所推动的"永恒战斗"。

从**"粮食风险"**的角度看，周朝和秦朝并无本质不同。从周秦之变到周秦不二，新的视角将带领我们深入历史的最底层。

第一节

修昔底德陷阱无处不在

　　"高岸为谷，深谷为陵。"盛衰无常，极大地激发了竞争者之间的猜忌之心。

当我们经由古史记载和考古发现，去看向中国文明的源头，首先引起我们注意的，会是什么样的现象呢？

古人已经给我们敲黑板画重点了："国之大事，在祀与戎。"

"戎"是大事。战争，从来都是推动国家成形和发展的力量之一。"战争塑造国家"，在西方的社会学研究中已经是老生常谈，中国文明的进程，自然也跟战争息息相关。那么，为什么会发生连绵不绝的战争呢？让我们回望春秋时代。

从气候上看，距今5000年到4000年之间，中华大地上正是一段不断干冷化的时期，前文已经叙述，除中原文化区的二里头文化继续兴盛之外，其他的早期中国文明源流——北方的西辽河文化区，西北的甘青文化区，东方的海岱文化区，南方的江汉文化区和吴越文化区，都纷纷衰落了。之后从二里头文化、商朝直到西周的一千年当中，中原地区一直是文明高地，中华大地上曾经满天星斗的广泛文化景象长期未能恢复。到了公元前11世纪到公元前10世纪末的西周前期，寒冷仍然笼罩着大地。《今本竹书纪年》中就有记载，周孝王七年（公元前885）"冬，大雨雹，牛马死，江、汉俱冻"。一次强烈的寒潮天气竟然可以让长江、汉江冻结。我们知道，寒冷气候下农作物的生长会受到很大的抑制，进而使得粮食产出受到限制。在这种农业状况下，西周时期社会发展缓慢，历史进程波澜不惊。

从春秋时期开始，大地上的气候进入了一个温暖时期。春秋时期开始于周朝的一次内部分裂，公元前770年（周平王元年）周平王东迁，这是东周开始的那一年；到公元前476年（周敬王四十四年）左右，周王室彻底威信扫地，五霸前赴后继，各诸侯国以下克上愈演愈烈，春秋时代结束，总计近300年。

春秋时期中华大地上气温上升，降雨带向北移动。从中原向北，原本缺乏降雨的地方，可以再次种植粟、黍等作物。从中原向南，原来因为降水过多而抛荒的低洼土地，可以再次种上水稻了。长期以来被局限在中原文化区的文明进程，此时正向着中原以外的上古文化区域迅速扩张！

"春回大地"，但春秋时期并未像仰韶时代那样充满田园牧歌般的浪漫。其中的根本原因，在于中国文明进程加速，农耕扩张，人口增加，战争烈度开始升高。

春秋战国时期的诸侯国，基本上都处于东亚季风气候的覆盖之下。从气候带上看，可以粗略地把黄河中下游地区看作温带季风气候的控制区域，把长江中下游地区看作亚热带季风气候的控制区域。东亚季风气候的基本特点是夏季高温多雨，冬季寒冷干燥，雨热同期。同时，由于缺少东西走向高大山脉的阻挡，在广阔的中华大地上，来自西伯利亚的寒流和来自东南海洋的水汽可以长驱直入，因此冬季寒潮、夏季洪涝是司空见惯的灾害，不同年份之间的降水量波动很大。

虽然春秋是一个总体温暖、农业扩张的时代，但是并不保证年年五谷丰登。恰恰相反，由于季风降水的不确定性比较高，旱涝灾害是经常发生的，粮食收成自然不稳定。比如，《史记》援引《越绝书》有所谓"六岁穰，六岁旱，十二岁一大饥"的描述，正是季风气候下旱涝无定、丰歉无常的生活写照。

这种不稳定的粮食产出，就带来了不稳定的力量对比，进而带来了不稳定的"国际关系"——各诸侯国之间甚至诸侯国内部纷争不断。这正是被孟子痛心疾首地评论为"春秋无义战"的时代。

像秦、晋、楚、齐、吴这些春秋时期叱咤风云的新兴大国，在春秋之前处于中原文化区的边缘或外围，在文明和文化的舞台上处于配角地位。这其实与当时的气候、地理等条件对它们的限制是有直接关系的。

对比考古中发现的史前六大文化区，我们就会发现，除秦国占有了西周王室失去的关中故地，晋国兴起于晋南谷地，两者算是手握了中原文化区的部分"股权"外，其他几个诸侯国比如楚国、齐国、吴国、越国等，都是在中原之外兴起的。其中，楚国兴起于江汉文化区，齐国兴起于海岱文化区，吴国、越国兴起于吴越文化区。对比距今5000年到4000年间各上古文化区的兴衰，我们就会发现，春秋时期的新兴大国，或者像秦晋一样，得益于直接手握中原文化区的部分沃土，或者像楚、齐、吴、越一样，得益于江汉、海岱、吴越这三个上古文化区的新生。

这几个诸侯大国是怎么来的？一言以蔽之，打出来的。

周天子分封的诸侯，根据《史记》的记载，春秋初年还有上百个，而到了战国初年，这个数字已经锐减到了二十多个。秦、晋、齐、楚、吴、越这些"大国"在吞并战争中一步步成长起来，拥有了更大的力量、更高的文化，也就有了更完善的记录能够流传下来，给我们以启示。

现在，我们就来看一段秦晋之间的战争史，来感受和理解"战争塑造国家"这句话的真义。

由于灾荒是经常发生的，为了国家的稳定和民众的生存，每个诸侯国都会经常性地向他国求取救助。在春秋初期，公元前651年，齐桓公在葵丘大会诸侯，定下盟约，《孟子·告子下》记下了誓词，其中第五条是这样记录的：

五命曰：无曲防，无遏籴，无有封而不告。

"无曲防"，就是发生水灾时，不得改道河流，以邻为壑；"无遏籴"，就是发生饥荒时，未发生灾荒的邻国要提供救济，不能借机搞粮食封锁。这句盟誓之言，暴露了当时各个诸侯国对于救灾的强烈需求。

只是，誓言是用来毁弃的，盟约是用来违背的。之所以有这样的誓词盟约，正说明干缺德事的大有人在。我们来看一段围绕着饥荒发生的真实故事。

秦穆公十三年（公元前647），也就是葵丘大会之后的第四年，《史记·秦本纪第五》记载晋国发生了一次旱灾，向秦国求援：

> 晋旱，来请粟。丕豹说缪公勿与，因其饥而伐之。缪公问公孙支，支曰："饥穰更事耳，不可不与。"问百里傒，傒曰："夷吾得罪于君，其百姓何罪？"于是用百里傒、公孙支言，卒与之粟。以船漕车转，自雍相望至绛。

晋国闹饥荒，此时晋国国君是晋惠公，秦国国君是秦穆公，晋国来请求购买粮食，秦国的朝堂上出现了两种意见。一种意见是丕豹所主张的"勿与，因其饥而伐之"，建议以一种机会主义的算计，趁你病要你命，讨伐晋国；另一种意见是百里傒和公孙支所主张的"夷吾得罪于君，其百姓何罪"，"饥穰更事耳，不可不与"。这里要解释一下"夷吾得罪于君"。夷吾就是晋惠公，他的姐姐是秦穆公的夫人，当年惠公还是个公子，没有当上国君，在国外流亡的时候，得到了姐夫秦穆公的支持，在秦兵的护送下回到晋国做了国君。他曾经许诺要割让土地，以感谢秦穆公的恩德，但是他做上国君后，马上就反悔了，"夷吾得罪于君"指的就是这件事。后面这一种意见，看上去是非常宽大为怀而富有同理心的，既不计较晋惠公的忘恩负义，又推己及人，不让晋国百姓无辜受累。秦穆公"兼听"了两边的意见，到底心里咋想的，史书上没说。不过，不管怎么说，他最终选择了宽宏大量，选择了体恤异国之民，向晋国提供了救济粮，"以船漕车转，自雍相望至绛"①。水陆兼程，向晋国运送粮食，这就是所谓的"泛舟之役"。

第二年，竟然轮到了秦国闹旱灾，需要他国救灾了。《史记·秦本纪第五》记载：

> （秦穆公）十四年，秦饥，请粟于晋。晋君谋之群臣。虢射曰："因其饥伐之，可有大功。"晋君从之。十五年，兴兵将攻秦。缪公发兵，使丕豹将，自往击之。九月壬戌，与晋惠公夷吾合战于韩地。

秦国闹饥荒，反过来向晋国求购粮食。晋国朝堂上商议下来，却是另一种结果。虢射曰："因其饥伐之，可有大功。"史书上并没有记载什么反对意见，看起来这事儿晋国上下挺一致。晋惠公从善如流，将忘恩负义得罪姻亲兄弟秦穆公的事再干一遍，发兵攻打秦国。几次三番地遭遇背叛，秦穆公肯定是一肚子的郁闷，于是安排坚决的主战派丕豹带领大军迎战，和晋惠公率领的晋国大军在韩原这个地方展开了战斗。

秦军非常幸运，虽然秦国国内闹饥荒，倒是没有怎么影响到秦军的战斗力，或许因为是后退更没有饭吃的哀兵，反而更加勇猛，他们在这场被称为"韩原之战"的战斗中生擒了晋惠公。战后，秦国以释放晋惠公这个负义小人为条件，取得了晋国河西的土地，这里的河是指黄河。河西之地是秦国向北发展、晋国向西发展的矛盾焦点，秦国这一趟也算是赚到了。

讲完了故事，让我们回过头来，琢磨一下"泛舟之役"和"韩原之战"中双方行动的利弊。

当你遭遇了饥荒，力量总是会有所削弱，你需要求助于人。如果对方有善意的回应，那么你总是可以有所保全，但是如果对方怀抱恶意，在此时进攻你，那么你在被削弱之时受到攻击，总是要面临更大的危险，对方更有机会赢得胜利。而作为对手，如果他救助了你，你回报了他，这当然是一个有情有义的好故事。但是，当他遇到饥荒时，他救助过你这一事实，并不能保证你不会趁他病要他命。那时的他作为受灾一方受到攻击，就和此时的你受到攻击一样，要遭遇比平时更大的危险。这时候再回头去看他曾经救助你的事实，他是不是做了一件搬起石头砸自己脚的傻事？

秦晋之间的故事，就是这样的情形。当然秦国很幸运地获胜了，打败了晋军，活捉了晋惠公这个负义小人。但是，幸运不会永远降临到你头上。也许，你的救助一直都得到了善意的回报，但是只要有一次致命的背叛，所有过往的救助换来的就只是自己的灭亡。而对方背叛与否，是没有人能够仲裁干预、主持公道的。公孙支说"饥穰更事耳"（饥荒和丰收是交替出现的事情），历史将带着你去一次次面对这种背叛的可能，那么就没有人能够永远幸运下去。

在这样的历史进程中，抓住一切机会打击对方，就成为唯一"理性"的选择。俗话说，先下手为强，后下手遭殃。做一个无情无义的人，要胜过时不时就置身于生死存亡的境地。

那么，秦穆公为什么没有先下手，"因其饥而伐之"呢？我们不是秦穆公肚里的蛔虫，不知道他是怎么想的，但秦国没有趁晋国饥荒先下手，不是因为秦国没有这些考虑，"丕豹说缪公勿与，因其饥而伐之"，选项已经摆在桌面上了。秦穆公之所以没有这么做，内心可能也不是因为"饥穰更事耳，不可不与"和"夷吾得罪于君，其百姓何罪"这两句话里面的仁恕之心，而是别有原因。

当时正处于春秋早期，晋国率先崛起，成为一等一的强大诸侯。秦晋两强力量对比，秦国"主场作战"自保有余，但是"客场作战"战胜晋国很难。所以很大的可能性是，秦穆公权衡利弊，在"因其饥而伐之"没有把握获胜的时候，借着"饥穰更事耳，不可不与"和"夷吾得罪于君，其百姓何罪"这两句高尚的说辞，做出友好的姿态，这可能是一个更靠谱的选择。

但对于实力更强的晋国来说，在"因其饥而伐之"这件事上，晋国君臣做出了自己的选择，想要趁机吃掉秦国，至少抢占一些秦国的土地，可惜事与愿违，未能如愿。不过，实力占优的晋国很快就有机会把这种残酷的"理性"再次付诸实施。

鲁僖公三十三年（公元前627），像晋惠公一样被秦穆公扶助上位的晋文公重耳新丧，此时秦军趁郑国有内应去讨伐郑国，走在路上被郑国商人弦高发现，弦高连蒙带骗一番操作，并派人回郑国通风报信，让秦军知难而退。秦军由郑返秦，凶险的崤山是其必经之路。秦军的动向已经被晋国看在了眼里。《左传·僖公三十三年》记载了晋国对于是否袭击秦军的讨论：

> 晋原轸曰："秦违蹇叔，而以贪勤民，天奉我也。奉不可失，敌不可纵。纵敌，患生；违天，不祥。必伐秦师。"栾枝曰："未报秦施，而伐其师，其为死君乎？"先轸曰："秦不哀吾丧，而伐吾同姓，秦则无礼，何施之为？吾闻之：'一日纵敌，数世之患也。'谋及子孙，可谓死君乎！"遂发命，遽兴姜戎。子墨衰绖，梁弘御戎，莱驹为右。夏四月辛巳，败秦师于殽，获百里孟明视、西乞术、白乙丙以归。遂墨以葬文公，晋于是始墨。

秦穆公扶持晋文公重耳上位，有功未偿，栾枝对袭击秦军有所犹豫。先轸则是不假思索："一日纵敌，数世之患也。"饥穰更事耳，面对着力量对比起伏不定的未来，浪费唾手可得的机会，是绝对的非理性。于是晋国起兵，并联络附近的姜戎一道伏击归程中的秦军，打了一场残酷的歼灭战。《史记·秦本纪第五》这样记载：

> 大破秦军，无一人得脱者。

《左传·文公三年》记载，三年后秦穆公伐晋，晋军避战，秦军绕路来到旧战场收祭战死者：

> 秦伯伐晋，济河焚舟，取王官及郊，晋人不出。遂自茅津济，封殽尸而还。

秦晋之间的殽之战，晋国沉重打击了正在崛起的秦国，在此后相当长的时间里，秦国无法向东进取半步，只好向西攻打其他部落，拓展疆域。抛开道德不论，晋国的这次伏击战符合其国家利益，并且也达到了目的。

同样的剧情也发生在两大诸侯国晋国和楚国之间。《左传·成公十二年》记载鲁成公十二年（公元前579），晋楚两国会盟弭兵：

> 夏五月，晋士燮会楚公子罢、许偃。癸亥，盟于宋西门之外，曰："凡晋、楚无相加戎，好恶同之，同恤菑危，备救凶患。若有害楚，则晋伐之；在晋，楚亦如之。交贽往来，道路无壅；谋其不协，而讨不庭。有渝此盟，明神殛之，俾队其师，无克胙国。"

图12 侯马盟书

变化无常的力量对比，使得彼此之间的信任无从建立，互相恐惧成为列国关系中的死结，讲信修睦、定分息争就成为奢望，盟约誓词只是虚与委蛇的表面文章，背叛与不义才是当时天下的通例。

盟约的内容写得非常周全：晋楚两国不但彼此休兵，而且要同心同德，有饥荒灾难要互相救济，共同讨伐一切对晋或楚图谋不轨的势力；要保证两国间使节的安全往返，道路的畅通；谁违背了盟约，就让神明惩罚它，让它的军队溃败，国家灭亡。

然而仅仅过了三年，誓词言犹在耳，楚国就发动了北伐。对于盟约责任，楚令尹子反的评论是："敌利则进，何盟之有？"这种"无信"的机会主义显然是当时的常态。

《左传·襄公二十七年》记载，三十多年后的鲁襄公二十七年（公元前546），晋楚两国再次在宋国会盟弭兵，会盟的时候楚国人违背惯例，内穿铠甲。

> 辛巳，将盟于宋西门之外。楚人衷甲。伯州犁曰："合诸侯之师，以为不信，无乃不可乎？夫诸侯望信于楚，是以来服。若不信，是弃其所以服诸侯也。"固请释甲。子木曰："晋、楚无信久矣，事利而已。苟得志焉，焉用有信？"

面对遵例释甲的要求，楚人的表现和三十多年前一般无二，"事利而已。苟得志焉，焉用有信"这样的言语，正是当时各诸侯国对于盟约信用的真实态度——利益面前，信用靠边。

秦晋之间、晋楚之间的背叛与战争，给了我们一个个利益优先的博弈示例。

诸侯国之间尔虞我诈，每个诸侯国内部也不是铁板一块，同样充满了矛盾与冲突。"侯马盟书"就反映了春秋时晋国内部的纷争。侯马盟书是以朱书或墨书写于石板或玉片上的盟誓，出土于山西省侯马的晋国遗址中，包含碎片在内一共出土了5000多件，从内容上来看是多次制作而成的。该盟书与史书中所记载的晋国赵家的内乱有关。当时赵氏的宗主赵简子与同族的邯郸赵氏之间发生纷争，最终发展成祸及晋国全国的内乱。赵简子召集族众和外部力量，以缔结盟书的形式，党同伐异。根据史书记载，最终赵简子赢得了胜利。

赵简子不是晋国国君，而是晋国国内有实力的上卿，在铲除族众里的异己力量之后，他又进一步，在很长时间里控制了晋国的实际权力，架空了晋国的国君。他的所作所为，反映出当时周朝建立的宗法制度实际上已经崩解了，礼崩乐坏，所以司马迁在《史记·赵世家》中一语中的评价他："赵名晋卿，实专晋权！"此时的天下，已然是"权力的游戏"的舞台。

公元前476年年末，赵简子在弥留之际，把儿子赵无恤召到自己榻前，最后叮嘱："他日赵氏有难，晋阳足以依靠！"一代豪强临死之际，对于各方力量的此消彼长仍然放心不下，足见春秋时代的世人是多么的没有安全感。

古语云"无恒产者无恒心"。在"饥穰更事耳"的大背景下，各方力量的对比总在变化，永远不能有一个稳定状态，对于他人力量增强与自身力量削弱的担忧就永无止息。对于在力量对比中占有优势的一方来说，他担心敌人的力量随时增长，也担心自己的力量随时衰退，优势随时逆转。不在此时利用这种优势，未来也许不再有机会，"因其饥而伐之"正是一个选项。对于在力量对比中处于劣势的一方来说，他也会担心敌人的力量更加增长，而自己的力量更加衰退，差距更加扩大，不在此时放手一搏，有可能等于坐以待毙，"因其饥而伐之"也同样是一个选项。

无恒心者无恒分，面对反反复复的生死博弈，与人为善，信守分际，只会增加自己的风险，甚至成为自取灭亡之道。"奉不可失，敌不可纵"，"因其饥而伐之"，趁你病要你命，才是高风险条件下各诸侯国不得不优先考虑的生存策略。

其中的残酷理性，古代的西方人也一样明了。在《伯罗奔尼撒战争史》当中，既是历史学家又是雅典将军的修昔底德对于古希腊两大城邦豪强雅典和斯巴达之间不可避免的冲突，作为亲身参与者做了如下解释：

> 至于他们打破合约的原因，我将先记叙他们互相抱怨的事由及其利益冲突的具体事例。这是为了使所有人清楚地知晓何以导致这场降临于希腊人身上的战争。但是在我看来，战争的真正原因很可能被这样的记叙所掩盖。致使战争不可避免的是雅典人力量的增强以及斯巴达人的担忧。

这种互相猜忌导致的危险关系，后人称之为"修昔底德陷阱"。这个国际关系界的重要概念，由美国学者格雷厄姆·艾利森（Graham Allison）于2012年在《金融时报》上发表的一篇探讨今日世界潜在冲突的文章中提出，他正是借用了修昔底德的那段名言而提炼出这个概念。格雷厄姆·艾利森和其他学者研究发现，在近代历史上，新兴强国与老牌强国之间爆发的15次国际关系冲突中，有12次导致了战争，就好比雅典和斯巴达之间的战争不可避免那样。

在学术界，人们往往把修昔底德陷阱的含义理解为：当老牌强国的霸主地位受到新兴强国的挑战时，两国之间爆发战争就有很大的可能性。

修昔底德陷阱概念的提出，主要是为了更好地解释近代以来的国际局势变化。但这个概念的内涵，绝非仅限于近代以来的世界。从古至今，修昔底德陷阱无处不在，它既是西方世界的法则之一，也是东方世界的规律之一。

"无恒产者无恒心"，没有稳定的生存资料，各方对于力量对比就没有稳定的预期，彼此之间的信任就无从建立，互相恐惧成为列国关系中的死结，讲信修睦、定分息争就成为奢望，盟约誓词只是虚与委蛇的表面文章，战争的动

图13 春秋末期诸侯国形势示意图

在澎湃的战争浪潮中，大多数诸侯国消失了。

力却永远澎湃，背叛与不义才是天下的通例。

伴随着农业生产的进步和各诸侯国所处的囚徒困境，"焉用有信"的各诸侯国走过了春秋时代。"春秋无义战"，当这一时代结束的时候，彼此之间的攻伐和吞并，已经使得诸侯国的数量大为减少，如前文引述《史记》所记载，春秋初年的上百个诸侯国，到了春秋末期，幸存者已经锐减到了二十多个。

春秋时代已经落幕，而"饥穰更事耳"没有丝毫改变。更加残酷的气候与战争正在前方，等待着这些已经壮大了的幸存者。

第二节

变法的天花板

图14　汉牛耕画像石（陕西米脂出土）

　　"足食足兵民信之。"铁犁牛耕这
一耕作技术的进步巩固了大一统国家。

公元前5世纪，中国进入了战国时代。具体而言，公元前453年，韩、赵、魏三家联手，推翻晋国强大的智氏，三家瓜分晋国，战国时代的格局已然形成。50年后，周威烈王正式册封韩、赵、魏为诸侯，战国七雄格局正式成形。此后经过200多年的激战，公元前221年（秦始皇二十六年），秦国最后灭齐国，统一天下，战国时代结束。

当战国时代来临的时候，大地上的气候环境发生了重大转折。春秋时代是一个温暖湿润时期，而战国时代是一个降温干冷时期。

有记录为证。周敬王去世被认为是春秋战国两个时代的转折期，敬王在位44年，去世于公元前476年。以《古本竹书纪年》为例，在早于敬王的春秋时代，异常天象记录很少，如下：

（前730年，周平王）四十一年春，大雨雪。

（前649年，周襄王）三年，雨金于晋。

（前622年，周襄王）三十年，洛绝于枡。

（前526年，周景王）十九年，冬十二月，桃杏华。

而敬王时代的记录总共只有八条，就有五条记载了异常天象：

（前506年，周敬王）十四年，汉不见于天。

（前494年，周敬王）二十六年，晋青虹见。

（前492年，周敬王）二十八年，洛绝于周。

（前484年，周敬王）三十六年，淇绝于旧卫。

（前477年，周敬王）四十三年，宋杀其大夫皇瑗于丹水之上。丹水壅不流。

在随后的记录中，灾害则更是不绝如缕，比如：

（前470年，周元王）六年，晋浍绝于梁。丹水三日绝不流。

（前463年，周贞定王）六年，晋河绝于扈。

（前457年，周贞定王）十二年，河水赤三日。

（前423年，周威烈王）三年，晋大旱，地生盐。

（前421年，周威烈王）五年，晋丹水出，反洁。

（前387年，周安王）十五年，大风，昼昏。

（前367年，周显王）二年，河水赤于龙门三日。

（前364年，周显王）五年，雨碧于郢。地忽长十丈有余，高尺半。

（前363年，周显王）六年，雨黍于齐。

（前346年，周显王）二十三年，绛中地坼，西绝于汾。

（前313年，周赧王）二年，齐地暴长，长丈余，高一尺。

（前310年，周赧王）五年，洛入成周，山水大出。

（前309年，周赧王）六年十月，大霖雨，疾风，河水酸枣。

（前307年，周赧王）八年，疾西风。

春秋与战国两个时期灾害记录的少与多，一种可能是两个时期发生灾害的频次确实不同，还有一种可能是后期记录较多、前期记录较少造成的。幸好现代研究者不仅有史书文献可以翻阅，还可以利用物候学、气象学、地质学等现代手段来研究。综合来看，战国时期的气候确实要比春秋时期更为糟糕，这已经是定论。

《竹书纪年》是魏国继承的晋国史书，天象记录主要是北方各国的，对长江中下游的楚国和吴越情况记录很少。不过，得益于现代科学，我们可以利用多种手段补充有关情况。考古发现，从大约2500年前，也就是周敬王时开始，江汉平原东部的洪水水位在不断上涨。前面我们讲过，气温下降，降雨带南移，会造成北旱南涝，科学考察发现战国时代南方因多雨而洪水，这正和此时北方因降温而干旱相一致。春秋战国时期的农业盛衰，正在重现上古时代农业盛衰的周期性趋势。

在此多说几句，我国东部地区的气候变迁，与东亚地区大气环流的变化有着较强的关联性。波音在《草与禾——中华文明4000年融合史》一书的第一章，曾经引述气候学家的研究，将东部地区长达几百年甚至上千年的气候变动归结为西太平洋副热带高压带的南北方向移动，进而影响了我国东部地区的气候状况，导致了古代农业和文化的兴衰。

如果分阶段来看，从距今4800年到4200年间，中国文明的核心区域即黄河中下游地区处于洪涝灾害严重、不利于农业发展的时期。这个阶段如果对应于我国的古代文化分期，大概可以看成是龙山时代，考古学家公认这个时期的社会非常动荡，部落冲突加剧。而从距今4200年到2600年间，也就是在长达1600年左右的时间里，黄河中下游地区进入降雨和气温适宜的时期，利于农业发展，对应于夏商和西周文明时代，可谓天助中华文明在黄河流域的繁荣（此时的气候却相对不利于南方长江流域和北方海河流域、辽河流域的文明发展）。而从距今2600年前开始，气候再度变迁，黄河流域再次陷入农业生产条件恶化的时期。这个阶段一直持续到距今800年前的南宋。

让我们把目光拉回到战国时代，这正是黄河中下游气候变得糟糕的时期。在气候的剧变之外，还有一个新的因素，给战国时期的古人和社会带来了深刻的影响，这个因素与糟糕的气候一起，共同塑造了战国时代冲突激烈的历史进程。

它就是——**铁器的普及**。

在普通人的观念中，铁器时代之前的青铜器时代，人们会在生产生活中大量使用青铜武器和青铜农具，来提升自己在战争和农耕中的能力，其实并非如此。在青铜器时代，比如中国从二里头文化到西周的千年之中，青铜武器数量很少，基本上是作为礼器制作出来的，摆摆样子，显显威风，并不是真正地用于战场去杀敌（除制作一些小型的青铜箭镞之外）。同样，也几乎没有发现这千年之中有像样的用青铜制作的农具，广大农民使用的农具基本上是石器和木器，这一时期最伟大的农具发明可能是耒耜（lěi sì）。所谓耒，是一根尖头木棍捆绑一段短横梁，使用时把尖头插入土壤，然后用脚踩横梁，使木棍深入土中，用来翻土。耜的结构与耒类似，只是把尖头制作为扁头，类似铲子。耒耜的材质早期是木质的，后来发展出石质的，但基本上没有用青铜来制作的。

青铜武器和青铜农具不能普及，根本原因在于自然界的矿产中，铜的比例很少。我们知道，地壳中元素含量排名前八位的是氧、硅、铝、铁、钙、钠、钾、镁，铁赫然排在第四位，在地壳中占5.8%；而铜在地壳中的含量只占1‰，只是由于自然界中铜矿石的冶炼熔点较低，所以才率先被古人冶炼出来使用。但是铜矿毕竟很稀少，因此在古代的开采和冶炼技术下，铜更多用于制作礼器和马车配件，而非用于需求量很大的武器和农具。

真正改变了古代战争和农耕效率的物品，正是铁器。当古人的熔炉温度不断提高，可以冶炼自然界的铁矿石后，

图 15　未耜复原图

青铜太珍贵，早期农具很少以金属制作。

大量的铁器就迅速席卷了整个古代文明圈。

我国春秋时代在冶铁技术上出现了大突破，即"高温液体还原法"的发明。高温液体还原法的出现一方面是因为扩大了炼炉，另一方面是有了更先进的鼓风设备。当时的鼓风设备叫"橐龠"（tuó yuè），用牛皮制成"橐"（即囊），橐上装有竹管叫"龠"，又配有活门，橐上还附有把手以便压缩空气。冶铁时，古人可以同时鼓动多具橐龠，从而充分地把空气送入炼炉内助燃，产生足够的高温，还原出液态的铁水。这次技术革命不但提高了铁的产量，也因为用铁水直接灌铸成器而节省了大量的时间、劳力，提高了生产效率，使铁器的大量生产成为可能。

但这样冶炼出来的铸铁，性质相当脆，用作武器和农具容易断裂。虽然大量生产的技术条件早已经具备，但其实铁制的武器和农具直到战国初期还不普及，这与铸铁的这一缺点有一定的关系。好在智慧的古人很快就发明出了改造生铁的柔化处理技术，改变了铸铁器的含碳量和金属组织，克服了铸铁易于脆裂的缺点，提高了铁器的品质。洛阳出土的公元前5世纪的铁铲证实了战国初期这项技术已经出现并开始应用了。

　　此外，河北燕国遗址出土过一柄长剑，显示战国时代不只出现了上述铸铁加工工艺方面的重大发明。这把剑透露出当时人们也创造了块炼铁渗碳制钢技术！他们将熟铁反复地加热、渗碳和锻打，使铁内的渣滓排出、碳分均匀，从而制出了钢。此外，自战国初期以来，将铸铁予以柔化处理，也是制钢的另一途径。同时，战国时代也发展出了淬火技术……

　　铁质武器进入战场，大大提高了战场的残酷性，说得直白一点，就是战国时代的杀人效率明显提高了。吴、越、楚等国的铁质武器在那个时代就非常著名，吴越人擅长制造既坚且韧的"自然钢"（由碳化铁及较纯的锻铁组成）武器。传说中的干将、莫邪既是铸剑师的名字，也是名剑的名字，传说他们是吴国人或楚国人。荀子也曾经描述过，楚国"宛钜铁釶，惨如蜂虿"。到战国末期，不但铁质武器更加普及，甚至连钢质的武器也出现了。铁还用于制造弩箭，提高远程射杀能力。战国时代开始出现了弩，弩的射程远超过弓，弩的弦需要极大的力量才能拉开。更强劲的弩是所谓的"蹶张"弩，即用手臂拉不开而需要用脚踏才能张开的弩。战国七雄之一的韩国就以制造精弩而闻名天下，战国时期纵横家苏秦就曾评价说："天下劲弩皆从韩出。"

当铁质农具进入农耕领域，大大提高了农田开垦效率，提高了粮食产出，进而养活了更多人口。铁质农具比石质、木质农具锋利且坚韧，而且能够大量制造，价格并不昂贵，因此在战国时代，铁质农具已经取得了主导地位。铁质农具得到推广应用，功能也日益增加，既有利于开垦田地和精耕细作，也便于兴修水利工程。铁农具的需求量极大，成为当时冶铁业的主要产品。

当时的一些文献能够证实人们的确使用铁质农具从事耕种。比如，信奉神农学说的许行曾派门人拜访孟子，孟子就问门人："许（行）……以铁耕乎？"此外，记录齐国管仲言行的《管子》一书中，也提到齐国使用铁质农具耕种农田。

铁器的大量使用，也使手工业的工具品质得以提升，进而提高了各行各业的生产效率。《管子》一书中写道："一车（车匠）必有一斤、一锯、一钆、一钻、一凿、一铫、一轲，然后成为车。一女必有一刀、一锥、一箴、一铢，然后成为女。请以令断山木，鼓山铁。是可以毋籍而用足。"说明当时木工等手工业普遍地使用了铁质工具，这自然会提高手工业品的生产效率。

一方面，铁越来越普遍地用于制作农具和武器，既提高了农业生产率，也提高了军队战斗力；另一方面，气候变迁导致的北旱南涝给大范围的粮食产出带来了损害，既推高了各诸侯国之间的冲突水平，也改变了各诸侯国内部的发展趋势，战国史就在这两大因素的作用下激烈地展开了。

春秋以来，在粮食产出不确定的刺激下，发展和战争互相推动，军队的规模不断扩大。据史料记载，春秋初年称霸的齐桓公，一般认为他的军队规模为兵车八百乘，士兵三万人；而到了春秋末年，二等诸侯国之一的鲁国也有了兵车千乘，强国如晋国已经拥有兵车四千乘。军队规模不断扩大的背后，是军事动员比如物资准备、军队组织等方面的强化，也就是孔夫子论政时所谓的"足食足兵"。

要想足食足兵，就要"教民耕战"，这就是战国时代所谓"变法"的要义。

一般认为，战国变法从李悝在魏文侯时代搞"尽地力之教"开始。"教民耕战"这句话也常常和更晚一些的商鞅变法联系在一起，但是变法的源头，不需要等到战国时代才启动。在春秋时代，变法的序幕就已经拉开了。从春秋早期到春秋晚期，军队规模的急速扩大，一方面是因为国家在吞并战争中放大了体量，另一方面也是因为国家通过改革提高了军事动员的能力。在这样一个过程中，"教民耕战"这一变法主轴就已经产生了。

根据有限的记载，齐桓公为了谋求霸业而着手"富国强兵"。在春秋早期这个变法的源头时代,齐桓公还没有去谋求削弱贵族来强化君权。根据西周制度,齐国是侯国,有三位上卿,其中一位由国君自己任命,另外两位由周天子任命。当时齐国最高贵的两大贵族,就是由天子任命为齐国上卿的国氏和高氏。齐桓公之所以能够上位,击败竞争者公子纠从而赢得国君位置,背后也是靠着国氏和高氏两大贵族势力的支持。权衡利弊,齐桓公和他的国相管仲还是要尊重国氏和高氏两大贵族的。

在尊重贵族制度的同时,齐桓公和管仲的改革强化了对人口的控制,创造出一种类似印度种姓的制度,"士农工商"从职业身份成为血统身份,世代承袭不能更改。理想中,这样一来,大家都安心本分地做自己该做的事,国家也就能安定发展,这就是所谓的"成民之事"。为了让这样一种制度便于落实,就需要对民众进行控制,这就是所谓的"定民之居"。根据《国语·齐语》记载,在齐国的"国",也就是在都邑(城市)之中:

> 五家为轨,轨为之长;十轨为里,里有司;四里为连,连为之长;十连为乡,乡有良人焉。
>
> 管子于是制国以为二十一乡:工商之乡六,士乡十五。公帅五乡焉,国子帅五乡焉,高子帅五乡焉。参国起案,以为三官,臣立三宰,工立三族,市立三乡,泽立三虞,山立三衡。

特别要注意的是，二十一乡之中的士乡，是为国家提供兵员的。

　　五乡一帅，故万人为一军，五乡之帅帅之。三军，故有中军之鼓，有国子之鼓，有高子之鼓。

两大贵族和国君，各自掌握了三分之一的军事力量。在"野"，也就是在鄙（乡村）之中：

　　三十家为邑，邑有司；十邑为卒，卒有卒帅；十卒为乡，乡有乡帅；三乡为县，县有县帅；十县为属，属有大夫。五属，故立五大夫，各使治一属焉；立五正，各使听一属焉。

城市居民按乡组织，乡村居民按属组织，齐国城市共有二十一乡，每乡两千家，乡村共有五属，每属九万家。如果城乡的"家"规模相当，那么城乡人口之比约为 1：11，在早期社会当中不算低。《齐语》评论这些改革措施是"作内政而寄军令焉"，没有大规模扩军的形式，但是提高了民众的动员水平，寓兵于民，隐形的军事力量壮大了。

这一套"成民之事，定民之居"的户口编制办法看上去整齐划一，各层级上都有相应的管理者，也正好构成一个原型的官僚系统。我们无法得知这一整套制度是否曾经落实，而且古籍中有限的相关记载还不一致，所以大概率这只是一种理想状态。但是这样一种行政、军事兼而有之的改革构想，正是后世所谓"变法"的先声，正是中国社会走向编户齐民、走向秦制的源头。

在春秋早期，对军事动员的追求还是"犹抱琵琶半遮面"，还需要"作内政而寄军令焉"。到了战国时代，在日渐加剧的冲突驱使之下，各诸侯国都在提高军事动员水平，齐桓公与管仲时代"作内政而寄军令焉"那样的初级动员状态，已经不敷使用，更大规模的扩军备战已经是政权生存的必需，变法的新时代就这样风起云涌了。

战国时代的变法历程中，商鞅变法的名声首屈一指。但是我们要明白，变法不是突然出现的新鲜事，更不是商鞅创造的独一份举措。甚至按照时间顺序，秦国的商鞅变法在诸国之中都不算是第一名。如果说追溯到齐桓公、管仲的改革，措施还太古早，档次还不够高，那么魏文侯时代的李悝变法，基本上就是战国变法的早期榜样，李悝和魏文侯，才是战国变法界的"始作俑者"。

所谓"尽地力"是李悝变法在农业生产上的核心主张。战国初年的魏国人多地少，因此他强调精耕细作，认为田地的收成与付出的劳动成正比，"治田勤谨则亩益三升，不勤则损亦如之"。他十分清楚魏国（实际上是中原地区乃至黄河流域的代表）的农业生产是不稳定的，有时候五口之家小农的收成，还覆盖不了衣食、租税和祭祀等开支。于是，他把丰年分成大熟、中熟、小熟三个等级，按比例向农民买粮；把荒年也分成大饥、中饥和小饥，在大饥之年把大熟之年所买的粮食发放给农民，中饥和小饥分别对应中熟、小熟。李悝的这种"平籴法"，是针对粮食产出的不确定性所做出的应对之策，"取有余以补不足"，最后变法的结果是"行之魏国，国以富强"，使魏国在战国初年率先崛起。

魏文侯采纳李悝的"尽地力之教"，使魏国在战国初期大为强盛，风头一时无二。魏国作为第一个变法强国，培养了不少人才。既然魏国是成功榜样，那么各个诸侯国学习魏国的先进经验，引进魏国的高级人才，走魏国的强国之路，也就顺理成章了。在春秋时代已经是晋国老对头的秦楚两国，自然都是这么干的。从楚国变法的吴起，到秦国变法的商鞅，都来自魏国。吴起曾经是魏国西部边境的将领，商鞅早年也是魏国相国的红人，都是魏国新法的参与者、执行人；秦楚两国的新法措施，也都参照了李悝的《法经》，以及吴起、商鞅等人在魏国的新法实践。

围绕着各国的变法，有太多的传奇故事。吴起杀妻求位，弃守西河而出走楚国，变法成功却被利益受损的旧贵族刺杀，临死之际尚能巧用智计在身死之后复仇。商鞅虽然有相国公叔痤的举荐，但魏王对他既不屑用也不屑杀，于是他出走秦国，变法成功后也在利益受损的旧贵族推动下失势而末路狂奔，途中受自己所立新法之困，发出了"嗟乎，为法之敝一至此哉"的哀叹，终于不免而遭车裂。这些荡气回肠的精彩故事，像一幕幕展开的大戏，吸引了古往今来的无数目光。

其他国家的变法，虽然名气小一些，但是并不落后。韩赵魏同气连枝，虽然时不时也会闹矛盾，"兄弟阋于墙"而互相攻伐，但是面对外人，总的来说，还是能够团结一致"外御其侮"的。在变法这件事上，韩国和赵国积极跟进，紧接着李悝变法，就有赵国的公仲连改革；韩国的申不害变法虽然来得晚，但和秦国的商鞅变法、齐国的邹忌变法也是前后脚，没差几年。地处偏僻北方的燕国，国小势弱，变法来得最晚，好在迟到但没有缺席，在燕昭王时代也搞了改革而一度强盛，并大破齐军，一时间几乎将齐国逼上绝路。

但是"教民耕战"，其终极目标是克敌制胜，就此而言，只有秦国取得了终极的成功。在商鞅变法之后，秦国崛起的势头就再也没有遭遇挑战，而山东六国则起起伏伏，胜败无常。似乎秦国天赋异禀，"变法"这个戏法一学就会，还青出于蓝而胜于蓝，而山东六国，无论是先行者还是后来者，都玩不过秦国。

秦国的成功和六国的失败形成了巨大的反差，引发了后人的无数感慨、无数解读。人们在追问：为什么最终是秦国统一了天下？

在过去的见解当中，有一种想当然的逻辑判断：既然秦国崛起势不可当，那就说明商鞅变法是成功的，而其他国家的国势起起伏伏，终于灭国，那么它们的变法就是失败的。既然变法如此重要，那么商鞅变法之所以成功，就是因为新法对旧法的革新更加彻底；其他国家在战争中失利，就说明变法成效不彰，进而说明他们对于旧法的革新是不彻底的。

从某种意义上说，这种见解，可以说是当代"制度决定论"的一种历史运用：彻底的新法，或者说全新的制度，就能带来胜利；不彻底的新法，或者说半新不旧的制度，带来的只能是失败。

这种"成王败寇"式的解释，根本没有说到点子上。

战国时代还没有发明纸，记录不便，文献产出很少；加之秦国焚书坑儒，对于包括六国史书在内的各种文献进行了严重的破坏，所以我们今天能够得到的关于六国的记载往往是断简残篇，非常有限。因此，跟着这些文字记录，我们对战国时代各国历史的认识，无可避免地带有各种主观片面的猜测，前面这种对于山东六国所谓"变法失败"的认识，就是如此。

就今天能够得到的史料而言，即使我们只看战国时代的有限记载也会发现，各国的变法都不是突发奇想，而是随着列国纷争的进程孕育和成熟的。

比如秦国的变法，并不从商鞅开始，在秦献公时代，秦国就已经开始学习魏国，着手变法。在商鞅之后，秦国的法令仍在变化之中，有关商鞅新法条文的记载，未必全都落实了，也未必一经落实便永不更改。就此而言，在有限的史料基础上去判断秦国的变法更为彻底，并因此更为成功，是大可怀疑的。变法不是变戏法，既不是一蹴而就，也不是一成不变。它是公开的法令，不是私藏于密室的阴谋诡计。它贯穿于长达数百年的漫长历史过程，各国之间互相看得见、学得到，好的律令大家都可以拿来就用。如果说变法的成效有好有坏，那么原因一定是更深层次的，而不应该在法令条文的字面上去寻找。

要深入理解春秋战国之际的形势和变化，就需要更仔细地审视史料，运用考古成果，去构建新的逻辑。

变法的根本是什么？如果我们不拘泥于条文枝节的话，那么这些新法的"法的精神"，可以追溯到前面讨论过的管仲之法。我们回看齐桓公、管仲的改革源头，一个还没有那么多戏剧化的新旧冲突的时代，应该能够启示我们，用最朴素的观点去看待战国时代的变法。

其实，商鞅新法的精神和管仲之法的精神并没有差别，它们的核心追求，就是建立强大的军事力量，以求在战场上制胜。强大的军事力量怎么来？最直白地说，仍旧是孔夫子论治国理政的名言："足食足兵，民信之矣。"粮食多，士兵多，民众信赖政府、听从指挥。

要达成这个目标，就要"教民耕战"，所有的相关法令，都是直接或间接的军事动员令。只不过，在管仲那个时代，还没有把这种精神推向极致，仍停留在"作内政而寄军令"的阶段，在动员人力、扩军备战这个问题上还有所克制，在消灭分权、集中力量这个问题上统治者内部还没有撕破脸。而到了商鞅这个时代，所有这些动员措施都在走向极端。战国时代流传着一部《商君书》，其中的篇目也许并非商鞅所作，但应该是当时人们对变法的思考和记录。这部书堪称那个时代的总体战动员令汇编，从中央贯穿到地方的编户齐民制度，就是这种全国总动员下的终极社会形态。

这样极端化的动员措施，正昭示着极端化的战争冲突。只有更多地挖掘战争潜力，才能增加战胜的机会，这是变法成败的终极大考。

那么接下来的问题就是，动员战争潜力的极限是什么？或者说，变法的天花板是什么？

——耕种！

李悝变法，"尽地力"，"奖耕战"。耕战耕战，先耕种，然后才能足粮足兵，足粮足兵之后才能一战。如果我们把耕战比作一座金字塔，那么耕种就是它的底座，胜利就是它的塔尖。想要胜利，就要"尽地力"，穷尽耕种的潜力，去足粮足兵。胜利的塔尖能有多高，要看耕种这个底座有多宽广。

地力的尽头在哪里？那就要看老天爷的脸色。耕种的极限，不能不受限于土地资源和气候变化，它确实有赖于人力的挖掘，但根本上还是要靠天、看命。

从春秋到战国，五百多年的漫长岁月中，古人一直在拼命地挖掘地力，直至穷竭。

从司马迁的《史记》中，我们可以一窥汉代之前的中华大地上有哪些土地最为肥沃的地区。司马迁最为称道的土地有两大块：其一是函谷关以西渭河流域的关中之地，

"关中之地，于天下三分之一，而人众不过什三；然量其富，什居其六"，这块土地是司马迁评价最高的沃土；其二则是三河之地，"昔唐人都河东，殷人都河内，周人都河南。夫三河在天下之中"，三河之地也就是山西南部、河南北部和西部的黄河流域及其支流所在的区域，是中国古代最早开垦的农耕区之一。

但是在春秋时期以及更早的时候，不论是关中之地还是三河之地，耕地的开垦其实还很原始，呈现的面貌是"岛状农耕区"。当时的农田主要分布在城邑附近，在一些最适合开垦的黄河支流的两侧分布。而远离城邑的地方，要么是不受王朝管辖的游牧和狩猎族群的活动区域，要么仍然保持着原始的自然风光。

比如一直到春秋末期，在宋、郑两国之间还有一些空地，两国都不占有，有人在这片"隙地"上陆续垦殖，形成了六个邑落；公元前 7 世纪中叶，晋国的南方边鄙还是"狐狸所居，豺狼所嗥"的地区，在"翦其荆棘，驱其狐狸豺狼"之后人们才可居住。再比如"弦高犒师"的故事就发生在春秋时期。秦国劳师袭远去攻打郑国，如果不是郑国商人弦高去周地经商，在路上偶遇秦军，这样一支秦军竟然能够悄无声息地穿行在属于农耕区的三河之地间，让郑国毫无察觉。可见，春秋时期即使是在三河之地，远离城邑的区域也人迹罕至。

改变大地面貌的决定性因素，就是我们前面强调的铁器的普及。

从春秋时代开始，冶炼炉中流出的一股股铁水，凝固成一把把坚韧锋利的农具，农民们有了合适的农具，加上各诸侯国鼓励耕战的政策，彻底改造了广袤的大地。原来如同孤岛般的农田连成一片，随着对荒地的不断垦殖，农田也向天际延伸，不仅关中之地和三河之地布满了农田，"膏壤沃野千里"，各诸侯国的领土上也出现了大片的农田。到了战国时代，中原核心地区已得到比较充分的开发，有的已成为人多地少的人口密集区，比如魏国"田舍庐庑之数，曾无所刍牧"，即国内找不到可以放牧的地方；韩国也和魏国类似，"彼土狭而民众"，"此其土不足以生其民也"，现有耕地已经不足以养活现有的人口。这正是魏国李悝变法的缘由，在没有新土地可以开垦的情况下，只能对原有的耕地挖掘潜力，精耕细作。在东方的齐国，耕地过千里，人口众多，人称"鸡鸣狗吠相闻，而达乎四境，而齐有其民矣"。

在古代的技术条件下，土地已经得到精耕细作，再无挖掘的潜力，勉力地养活着越来越多的人口。这个时候，如果老天爷突然"翻脸不认人"，气候出现恶化，战国七雄的命运就大相径庭了。

让我们先以晋国为例，分析老天爷对于地力和耕种的影响力。

从公元前2000年前后各古文明源流夭折的情况看，随着气温掉头向下、北旱南涝的气候变迁，作为夏商周故地的中原农业区，它的抗灾害打击能力是最强的。春秋时代，在温暖气候下，农业生产环境改善，在夏商周故地及其周边的早期文化区域，兴起了秦、晋、齐、吴、楚多个大国。

受益于春秋时代的气温上升，晋国从夏商周故地的山西南部兴起，向北方发展。作为新兴区域，三晋故地的山西一带在气温下降的时期，面对干旱打击也是较为脆弱的。后世发生在清朝光绪元年至四年（1875—1878）的特大旱灾饥荒，也就是所谓"丁戊奇荒"，波及河南、山西、陕西、直隶、山东各省，涵盖了战国时代的三晋、秦、齐等北方国家所在区域，而以山西也就是三晋故地最为严重，虽然两千多年来的气候变化所造成的影响不会是一样的，但是地形地貌变化不大，可以由此粗略地判断各地对于气候变迁的抵抗能力。

战国时代，气候变化趋势反转，农业生产受损，北方诸侯国中受打击较大的，正是从夏商周故地向北发展的晋国以及其后继者韩、赵、魏三国。它们受到气候变化的驱使，不得不从受损的三晋故地向中原①转移。

① 中原，在这里作狭义理解，指的是以三河之地为主体的中原地带，而不是包括关中在内的中原文化区。

魏国曾经致力于经营秦魏之间的黄河沿线，在黄河西岸建立少梁城（今天的韩城），秦魏曾经在这里进行反复的争夺。战国早期，秦魏之间仍然延续了春秋以来魏强秦弱的格局。魏将吴起以少梁城为基地，逐步推进，自少梁到阴晋（今华阴）建立了一系列据点，自北而南控制了黄河，令秦国苦不堪言。但是最终，魏国掉头向东，迁都大梁（今开封），而未能向西发展。《吕氏春秋》中记载，吴起离开魏国时曾说："君诚知我而使我毕能，秦必可亡，而西河可以王！"吴起念念不忘向西进攻秦国，并认定秦国可灭。这不是历史真实，而是战国末期人的一种看法，也就是认为假如魏国坚持西进策略，是有可能灭掉秦国的，因为在战国后期，山东六国攻秦很难闯过函谷关，而在吴起的时代，函谷关尚未建立，魏国所掌握的黄河沿线都在函谷关以西，从阴晋沿渭河而上还可以直扑后来的秦国都城咸阳。

那么，魏国为什么采取了东进而非西进策略呢？

对于这种战略方向的选择，我们可以简洁地考虑气候变迁这个大背景所带来的两方面因素：一方面，夏商周故地对抗气候变迁的能力更强，中原的繁荣和小国林立固然是一种吸引力；另一方面，气候变迁带来的三晋故地的衰退，更是一种推动力。

《竹书纪年》作为魏国继承的晋国史书，记载了战国初年晋地的诸多异常天象，河水断流、地生盐，诸如此类，不绝如缕。我们读过中学课本的人都知道西门豹的故事，西门豹为魏国治理邺城，引水灌溉，同时移风易俗，制止为河伯娶妇的陋习。为河伯娶妇这种陋习，无论是求雨还是避涝，总是和异常的气候联系在一起的。西门豹引漳水灌溉，按照《史记·河渠书》的记载发生在约公元前406年，我们不知道这种陋习是从什么时候开始的。不过，《史记·六国年表》记载，秦灵公八年，就是公元前417年，"初以君主妻河"，这种陋习第一次被当成"先进手段"在秦国实施，虽然其中的缘由已经无法考证，但是这种陋习的引入，可以猜想是和当时秦国的气候异常相关的。

在这种情况下，当时的魏国面对秦国虽然不落下风，但也没有绝对的优势长驱直入。秦国以西周故地为根基，手握关中之地，在气候变迁中抵抗力较强，特别是在秦献公改革后，国力上升，可以硬刚手握一部分三河之地的魏国。"石门之战"和"少梁之战"魏国两次失败，向西发展难以突破；而向东发展，在夏商周故地上是郑、卫、曹、宋等传统诸侯国的地盘，它们四分五裂且相对弱小，魏国更容易扩张。

气候变化的推动，更可能是魏国舍弃西向而选择东向的关键原因。

这样的分析，对于三晋诸侯国的动向都是成立的。在晋国故地相对衰退的情况下，三晋向西和秦国之间互有胜负，始终进展不大，向东则收获更多。因此，东进的并非只有魏国，三晋韩赵魏都是如此。魏国从安邑（今运城盆地）向东迁都大梁（今河南开封）；韩国从平阳（今临汾盆地）向东南迁都阳翟（今河南禹州），后迁都新郑（今河南新郑）；赵国从晋阳（今山西太原）向东南迁都中牟（今河南鹤壁），再迁邯郸（今河北邯郸）。韩国和赵国的故地，都在魏国的安邑以北，而它们向中原迁移也更早，因为越靠北受损也越严重。

在这个三晋大迁徙的时代，还有一些异常气候的记载，可以让我们对当时的状况有所体会。《史记·赵世家》记载："（赵成侯）二年（公元前373）六月，雨雪。"《史记·六国年表》记载："（公元前362年，魏）败我（韩赵联军）于浍，大雨三月。"浍水在魏国故地安邑以北、韩国故地平阳以南。六月飞雪，大雨三月，直观地说明当时的气候异常。在这种情况下，三晋的力量向中原地区聚集，使得秦据有函谷关而占据了地理优势。对于三晋力量重心向中原的迁移，过去有一种说法，认为三晋这是为了争霸中原而顾此失彼。这个说法固然不错，但是进一步地说，"争霸中原"是它们试图争夺夏商周故地上相对稳固的农业资源，从根本上看，这种局面还是由于三晋故地的衰退而导致的。

被气候变迁打击的另一个典型例子，是地处长江下游的吴越。

吴国在春秋时期的舞台上兴起较晚，但是一出场就是强大的诸侯国，吴王阖闾向西击破了楚国郢都，吴王夫差向北击败了齐国，在黄池大会诸侯，俨然可以与老牌诸侯晋国比肩而霸。然而"螳螂捕蝉，黄雀在后"，正处在巅峰时期的吴国，竟然十年间就被越国所灭，此时正当春秋战国之际。吴国虽然在公元前473年灭国，但吴越之地并未就此衰落，而是由越国继承了吴国的力量，横行江东，越王勾践继吴而霸。墨子宣称战国初年的好战国家为"齐、晋、楚、越"，却没有秦，足见越国在当时的地位。但是到了战国中后期，越国声势迅速转弱，终于在公元前306年越王无疆的时代为楚怀王所灭。

两百年间，从破楚到被楚灭，吴越之地的势力像乘了过山车一样骤起骤落，因此留存资料不多，但是吴越国骤起骤落的原因，却可以从"历史经验"中探寻。

我们已经知道，上古时代的吴越稻作农业，以良渚文化为代表，衰落于公元前2300年前后。相比之下，同为稻作农业区域的江汉平原在公元前2000年前后衰落，也就是说，面对北旱南涝的气候变迁，长江下游的吴越之地，由于依赖于环太湖平原低地这种地形上的单一水稻种植，更显脆弱；那么，反过来，在温暖时期，吴越地方适于耕作的时间点也要来得更晚。这基于抗粮食风险能力的一早一晚，与春秋战国时期的气候变迁合在一起，就非常简洁地解释了吴越两国来得晚去得早的原因。

据考古所知，战国中期以后，吴越之地的墓葬上体现了楚越文化融合，且楚文化占据主导地位，而兴盛了数百年的吴越习俗只见于级别较低的墓葬，另外此地战国晚期的文化遗存数量远远少于之前的时代，表明灭越之后，楚国并未大力开发此地，而原有的吴越之民也散失了。作为一个旁证，在急需战争资源的战国中后期，楚国对此地竟然不做开发，简洁合理的解释是，因为环太湖低地上水稻种植环境遭到破坏，吴越之地此时已经极度衰落，没有开发价值了。

在史前文明那一章中，我们已经有过分析，齐国和楚国所在的海岱区域和江汉区域不像吴越之地那样，依赖于单一地形上的单一水稻种植，粟、黍等作物也有相当分量，因此它们的农业抗风险能力相比吴越地区会好一些。但是由于这些地区低洼地形上的水稻栽培也有相当分量，在北旱南涝的大背景下，对抗风险的能力还是要比夏商周故地更弱。前文讲过，从大约2500年前，也就是周敬王的时代开始，江汉平原东部的洪水水位在不断上涨。楚国郢都故地在汉以后称为纪南城，在纪南城的考古发掘发现，这座都城内普遍存在着一层淤泥，表明城市曾经被洪水淹没。在这种洪水侵袭的背景下，平原低地上的水稻种植会遭遇重大打击。即使没有敌人来攻击，自身也会遭遇重大内乱。比如公元前402年，楚声王六年，声王为盗所杀。这件事史籍记载不详，可能永远无从确认了，但是可以推想其中有国内民乱、盗贼蜂起的背景。

战国初年，齐、晋、楚、越成为四大强国，但是战国中后期，处于中原核心区域之外的齐国和楚国的声势都在衰落，越国甚至走向消亡，晋国故地衰落导致三晋争霸中原，秦国固守关中则国势日增。最终，还是分别占据了夏商周故地东西两侧的三晋和秦国展开了战国时代最残酷的厮杀。两者的厮杀，何尝不是三河之地与关中之地的搏命呢？

秦国占据西侧的关中之地，拥有对山东六国的农业优势，但是这个优势并不是压倒性的。即使在长平之战大胜以后，秦国也遭遇了公元前257年邯郸之战和公元前247年河外之战的两次大败。

战争的细节是，公元前262年，自从秦国攻打韩国并夺取韩国的一部分国土之后，位于韩国之北的上党与韩国大本营之间的联络就被截断了。由于上党的看守冯亭向赵国求救，赵国就封冯亭为自己的封君（华阳君），并将这块领土划入赵国版图，派廉颇领军前往救援上党地区。赵国和秦国对峙于长平。公元前260年，一直与秦军对峙的老将廉颇被年轻的赵括替代，赵国开始由赵括统率军队，由此形势骤然转变。赵括中了秦将白起的圈套，死于战场。数十万赵兵虽然投降秦军，白起却把所有降兵都活埋了。经此一役，赵国前后损失了四五十万人。

秦军乘胜追击，包围了赵国都城邯郸，几乎就要灭掉赵国。但此时魏国的信陵君不顾魏王作壁上观的战略意图，为促成各国合纵抗秦而奔波。"窃符救赵"的故事上演了，信陵君获得了魏国大军的指挥权，前往解救赵国的邯郸城。此后齐国、韩国也派军队支援赵国，秦军终于在公元前257年输掉了邯郸之战。

十年之后的公元前247年，秦军卷土重来，这次的攻击目标是魏国。而名震天下的信陵君如法炮制，再度祭出合纵大法，率魏、赵、韩、楚、燕五国联军在河外（即今河南西部黄河以南地带）击退秦军，一直把秦军逼回函谷关才作罢。然而，这是它们在战场上的最后一次荣光了。

在邯郸之战的第二年，秦国启动了一项重要的水利工程——都江堰，在蜀地的岷江上无坝引水；而在河外之战的第二年，秦国又启动了另一项重要的水利工程——郑国渠，引泾水注入洛水。两项水利工程浇灌了成都平原和关中之地的万顷良田。这是秦国对本国的地力进行的又一次深度挖掘，在山东六国不论是地力还是军力都已拼到尽头

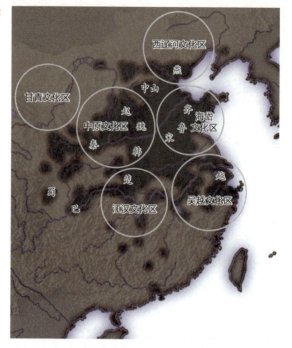

图16 战国中期形势示意图

春秋战国这部大戏，只是上古兴衰的旧剧新演。

精疲力竭之时，关中郑国渠和蜀地都江堰这样的农业进步，成为秦国压倒六国的最后一根稻草。秦灭六国的大势已经不可阻挡了。

在明了春秋战国诸国兴衰的根源之后，再去参照中国文明诸源流的兴衰生灭，我们就会意识到，前者只是把后者的剧本拿出来改头换面，重新上演了一遍而已。

但是，这种重复拿剧本的事，到秦一统天下后就结束了吗？并不是。只要自然环境没有大的变化，旧剧新演的事情就会一次次地在古老的中华大地上重复。

秦统一天下后，以天下为郡县。郡县制度是秦制帝国中央高度集权的一种方式。县这个行政单位出现于春秋初期，当时秦、楚等国在兼并的他国领土或戎狄地区设立县，因而县最初多分布在诸侯国的边疆地区，国君通常在县设置官职，以征调军赋。郡的出现则较晚，最先见于春秋末年的晋国，原本是地位低于县的行政单位，但二者之间并没有统属关系。当时的郡也多在诸侯国的边疆地带。在长期内部纷乱的教训下，国君不愿将土地分封出去，而是倾向于把新辟的疆域控制在自己手里。到了战国时代，逐渐形成了二级的地方行政单位，即每一郡之下统辖若干县，当时除齐国之外，各国均是如此。县在战国时已经普及各诸侯国内地，县的长官称作"令"。县之下的基层行政单位是乡、里，里设里正为长，里中人家则十家为一什，五家为一伍，"什伍皆有长"。而在战国时郡仍多为新征服的边疆地区，是带有军事性质的行政单位，其长官的名称叫作"守"。郡守及县令一律由中央任免，受国君的控制。中央通过郡县制度有效地控制了地方，国君的统治力也可以渗透到最基层。

消灭了维系各地秩序的诸侯国，"天下"秩序的维系，现在全部成了秦帝国要面对的挑战。为了在乱世之中维持秩序，就要强化动员能力，这就是秦制以天下为郡县的原因，由此造就了春秋战国以来最庞大的政治机构。但是作为一种"税务—公务"体制，秦制需要养活人数众多的官僚和军队，也就是需要繁重的赋税来维持自身运转。在全国范围内推广郡县制度，就必然要承担在庞大帝国中推行郡县制度带来的庞大管理成本。于是，大麻烦在统一天下的那一刻就到来了。推动各诸侯国互相拼杀的农业危机并未消失，长期的气候变迁和短期的灾害天气并没有改变，粮食产出的不确定性始终存在，人多地少这一矛盾如同水库中不断上涨的水位，让水坝承受着不可承受之重。

我们知道，夏商周故地比如关中之地、三河之地，农业生产相比其他区域更为稳定，秩序更为安定，能够供应给帝国的赋税更多，秦制也运行得更为顺畅。相反，在远离该区域的诸侯国旧地，受到气候变迁的影响，农业生产更为脆弱，秩序更为混乱，能够供应给帝国的赋税又很少，秦制运行就更为困难。这样一个以夏商周故地为中心，以齐楚燕赵故地为边缘的两分农业格局，就成为战国之后秦汉之际的国家治理大背景。

在百战之余的始皇帝时代，"天下"的农业进步仍然是有限的，而始自战国的气候冷期仍在持续，农业危机依然深重，"天下"秩序依然不能安定。夏商周故地的赋税资源，可以勉力维持自身的秦制，但对其他区域的秦制支持有限。糟糕的是，秦的战车并没有停止，而是继续向北、向南进发，而赋税资源已无力支持这个新兴的大帝国。因此，秦的大一统未能坚持太久，就迎来了秦末的秩序崩溃。秦末战争中，反抗最为激烈的，恰是离开中原较远的楚齐赵故地，地处中原的韩魏故地反抗较弱，吴越之地和燕地则由于更加严重的衰退而离开了舞台中央，然而秦国故地关中并未失去秩序。这样一个反抗格局，也正是边缘地区的齐楚燕赵故地对秦制支持能力不足的体现。

这样一个农业格局两分下的反抗格局，为秦末战争和汉初立国设定了前提。在项羽和刘邦的楚汉争霸中，楚人出身但是"承秦之地，承秦之人，承秦之制"的刘邦集团，战胜了同为楚人出身、以山东六国为力量基础的项羽集团，建立了汉朝，实现了关（函谷关）中力量对山（崤山）东力量的第二次征服（第一次则是秦灭六国）。汉朝初年，分封制"复辟"，全国范围内郡国并存，既有中央直辖的各个郡，也有一些分封的刘姓诸侯国存在，这样的行政格局，其实是汉朝统治者看到了秦帝国在国家治理上的死穴——二分农业格局无法支撑大一统赋税需求，于是在国家治理上进行了一定的折中。

但是，郡国并行的行政格局，本身就是一种政治分裂，中央与地方诸侯国的矛盾不可避免。这种隐性的战国形势，终于在汉景帝时的"七国之乱"中凸显出来。七个诸侯国联手造反，对抗中央政府。而汉朝中央政府对七国叛乱的镇压，则可视为关中力量对山东力量的第三次征服。

但征服了之后又能怎样？二分农业格局依然存在，那么问题还是没有解决。

幸运的是，这样一种大一统力所不及，而因循封建又导致战乱的两难困境，最终在西汉以来的农业发展中解套。

汉代的一种有趣石刻——《牛耕图》，在陕西、山东、江苏都有发现。比如陕西米脂县所出土的《牛耕图》画面，最下方是二牛抬杠拉犁，一位农民双手扶犁深耕，其三角形铁铧与该县出土的汉代铁铧形制完全相同；上部则是一排谷穗沉沉下垂的禾谷，丰硕喜人。图画揭示了汉代在农业方面的进步，即普遍使用耕牛、铁犁来耕种农田，甚至在整个中国北方应用现代化的拖拉机和铁犁技术之前，这种二牛一犁的基本耕作方式就没有再改变过。这种结合了耕牛的力量、铁器的锋利的农耕技术，对汉代广大地区的耕地进行了有效的开垦，提高了粮食的产量，促进了农业的发展，并带动了百业兴旺。再加上战国时代的寒冷期逐渐缓解，水利灌溉技术不断进步与推广，中华大地上普遍的农业进步为汉朝大一统的稳固奠定了坚实的基础。"五百年必有王者兴"，从春秋战国直到秦汉，伴随着粮食风险的产生和加剧，以及抗拒粮食风险的政策与技术的改善，古代中国一步步实现了大一统的成形和稳固。

以上就是从"粮舵"的角度回顾、剖析的春秋战国至秦汉帝国的历史及其背后的逻辑。

回望这段激荡的历史，学界所说的"周秦之变"，从版图上看是一个从分裂到统一的历程，但是分裂的诸侯国与统一的秦帝国，它们的基础是相似的，都是粮食产出不确定下的农业社会，区别只在于从"成民之事，定民之居"发展到"编户齐民""郡县天下"，国家动员水平越来越高。因此，从周至秦并没有本质变化，只是动员水平意义上的先秦发展为后秦，小秦提升为大秦。

因此，我们才有了"周秦不二"这样一个论断。

周秦之后又如何？本质依旧没有改变！

有学者强调古代中国所具有的"超大规模性"。古代的中华文明早期拥有一望无际的黄河中下游平原可供开垦，中期又纳入了广阔的长江中下游平原，后期东北平原和珠江三角洲的并入，让古代中国成为一个规模巨大的农耕社会，从而影响了政治、经济、文化的方方面面。

诚然，沃野千里是中外任何一个古代王朝都梦寐以求的自然环境要素，但如果我们掀开耕地面积上"超大规模性"的盖子，就会发现古代中国的耕地也有着难以克服的天然缺陷，那就是我们一直在强调的——粮食产出（农业生产）的不确定性。

再次强调，长周期的冷暖交替的气候变迁、季风气候带来的大规模干旱与洪涝频发的气候环境，使得中华大地上粮食产出变化无常；黄河东向大海，时而百转千回，时而一泻千里，在冲积形成一望无际的黄河中下游平原的同时，也把水患的巨大风险留给了一代代的中原农民。早在农业初兴的仰韶时代，中原的农民们选择在黄河的支流甚至支流的支流两侧开垦农田，就是为了回避干流和大型支流时不时出现的洪水带来的灾难。所以，面积上的"超大规模性"并不能保障广大农耕区域粮食产出的稳定性。

相对而言，沿着渭河两岸延伸的关中之地，以及黄河中游支流两岸的平原、台地、河谷即三河之地，是受气候和河流灾害影响相对较小的区域，这里是广阔的粮食产出不确定区域中产出相对确定的区域。所以，如果我们给商周定鼎中原、秦国统一六国找一个农业优势的话，三河之地、关中之地粮食产出的相对确定性是必须强调的。

在秦汉之后，关中之地、三河之地依然长时间地保持着相对的农业优势。若干王朝以关中、三河之地为基地统治全国的局面，一直延续到隋唐时代。只是，关中之地以及三河之地相对于不断增长的人口而言，显得过于狭小了，大量的人口不得不开垦粮食产出不确定性很高的广阔土地，因而历代王朝也就难以在周秦不二的制度之外，寻找其他生存途径。

汉、唐两代都定都长安，西汉时全国的重心还处于黄河流域，支持以长安为中心的王朝运转，主要靠关中地区的本地粮食和函谷关以东地区的漕运维持。但是到了隋唐时期，以上地区的粮食已经不够吃了，正如《新唐书·食货志》记载："唐都长安，而关中号称沃野，然其土地狭，所出不足以给京师，备水旱，故常转漕东南之粟。"唐代时黄河流域已经不是天下唯一的重要农耕区，经东汉末年以来数百年内几次大规模向南方移民，江南一带逐步摆脱了落后面貌，成为中华大地上另一处重要的农耕区，大量的粮食由此向北方漕运转输。而关中地区也在一次次王朝更迭的战乱中逐渐衰落，不再是中国历史舞台的中心。

然而，纵然大江南北有了更多的耕地，长周期的冷暖气候变迁仍在，季风气候带来的灾害天气仍在，人口增长带来的人多地少的矛盾仍在，这一切使得粮食产出的不确定性始终存在。这个顽疾仍旧频繁发作，折磨着周秦之后的历代王朝。

潮起潮落，一代又一代的前浪王朝死在了沙滩上，而后浪王朝似乎也看不到乐土乐国的地平线，每个王朝都有相同的死穴乃至相同的命运。

第三节

秦制轮回

图17 [明] 周臣《流氓图》(局部)

　　不稳定的农业生产造就了高冲突的社会。人们不得不致力于农战，追求人多势众以自保，然而土地终究是有限的，在有限的土地上堆积越来越多的人口，这就使得人多地少、流民遍天下的死局成为必然。

中华大一统王朝带来了动员方式和动员规模上的升级换代。那么，当天下"定于一"之后，王朝是否就能江山永固、战乱不再了呢?

事实是，不能。

大一统解决了诸国争雄的战乱，从周制变成了秦制，却没有也不可能消除推动战乱的根源——粮食产出不确定性引发的危机。

其中的道理在于，大一统的政治机构需要足够多的赋税支持其运转，但是在前现代农业的生产水平下，农业王朝的赋税能力是非常有限的，导致其政治机构的储备和能够供养的官僚、军队也是非常有限的。无论它的仲裁能力，还是救济能力，都有着极低的天花板。治理需求与赋税资源之间的矛盾，成为无解的悖论。

为什么会这样呢?

频繁的、短期的气候变化带来粮食产出的不确定，引发了多方面的后果，这种不确定会蔓延到全社会各个领域。还是乾隆那一句话:"天下无不食米之人，米价既长，凡物价、夫工之类，莫不准此递加。"就是说当粮食价格变动的时候，社会上其他产品和服务的价格都会跟着变动。乾隆皇帝虽然没学过经济学，但是他的经济直觉还是很棒的。

图18 [意]郎世宁《乾隆大阅图》

　　皇上是懂经济的:"天下无不食米之人,米价既长,凡物价、夫工之类,莫不准此递加。"

　　粮食作为最基本的生存资料,是一切经济链条的最上游环节。如果粮食产出不稳定,那么整个经济体系都会随之震动,正所谓"基础不牢,地动山摇"。

粮食产出不确定，直接给农民自身造成了生存危机；并且，粮食产出不确定造成粮食价格不确定，粮食价格不确定造成一切社会产品与服务的价格不确定。

这样一来，粮食产出的不确定性所造成的首要后果，就是阻碍工商业的发展，推动"重农抑商"的政策。没有了繁荣的工商业，也就没有了获得充足赋税的可能。

从工商业角度去观察，在这种价格不确定的环境中，任何经营者都必然要面对"久赌必输"的困境，而且经营规模越大，越是会带来不可承受的亏损风险，使得营利性的大规模生产变得不可持续，整个社会的工商业活动严重受限。

于是从个体和家庭利益出发，人们只能谨慎行事，普遍地困守在仅能糊口的小农业生产之中，即便有人"铤而走险"靠工商经营赚了大钱，也不可持续，"富不过三代"。中国古代的商贸更倾向于短期行为追逐暴利，而不是长期经营薄利多销，这正是粮食产出不确定性蔓延为一切产品与服务价格不确定性的结果。

史书记载的很多古代商人成为巨贾的故事，基本上都是短期暴利式的。比如传说中的陶朱公范蠡，《史记》记载如下：

> 范蠡浮海出齐，变姓名，自谓鸱夷子皮，耕于海畔，苦身戮力，父子治产。居无几何，致产数十万。

齐人闻其贤，以为相。范蠡喟然叹曰："居家则致千金，居官则至卿相，此布衣之极也。久受尊名，不祥。"乃归相印，尽散其财，以分与知友乡党，而怀其重宝，间行以去，止于陶，以为此天下之中，交易有无之路通，为生可以致富矣。于是自谓陶朱公。复约要父子耕畜，废居，候时转物，逐什一之利。居无何，则致赀累巨万。天下称陶朱公。

陶朱公的第一次发家致富来自"耕于海畔"。可是海边地狭卤重，如何能够靠耕种致富？唯一能够几年时间暴富的方式，其实就是"耕耘"盐场，生产海盐了。陶朱公的第二次发家致富则是选择了陶这个商业交通重镇，通过倒买倒卖，获取暴利。

陶朱公这套工商业做法可以长久持续吗？在司马迁的笔下，陶朱公自己都觉得不可持续，"不祥"两字言简意赅。这种暴利方式不可持续，而本本分分地长期经营一份工商产业，也绝无可能。赶上好年景能够迅速致富，而赶上灾害频发、兵荒马乱则立刻破产倒闭，万劫不复。因为对于脱离了农业生产的人口来说，他们的经营所得不可能无限，即使手握黄金珠玉，在粮食短缺而物价飞涨的时候也必然无法换到足以求生的衣食。

因此，从整体的王朝秩序出发，统治者出于社会稳定的考虑，也会尽量"重农抑商"，保护小农经济，打击工商豪强。这是因为，余粮不可期，农耕王朝的绝大多数人口

图19　东汉制盐画像砖拓片

工商发达，必然造就大量类似"矿徒"的非农业劳动者。他们聚集在一起，有组织地分工劳动，一旦失去粮食供应，就很容易揭竿而起，成为起义反抗的中坚力量。比如，太平军的核心战斗力"老兄弟"们，就来自失去了营生的广西烧炭工。

都是生活在基本温饱线上的农民，一次规模不大的动荡就会使大量人口跌入生存线之下，也就不可能稳定地提供大量的剩余粮食。而在这种不稳定的社会环境下，大量工商业人口脱离土地，他们的口粮危机会引发不可估量的社会动荡，这是统治者不希望看到的。

因此，才会有汉景帝劝农诏书中的这样一段话：

> 农，天下之本也。黄金珠玉，饥不可食，寒不可衣……其令郡国务劝农桑，益种树，可得衣食物。

"重农抑商"阻碍了工商业的发展，封死了社会进步的通道，这是很糟糕的。但是，糟糕事还不止于此，即使我们退后一步，不指望社会进步，只想要它静止下来，也是办不到的。

粮食产出的不确定性造成的进一步后果，就是推动"秩序崩坏"，为王朝颠覆铺平道路。在这种颠覆之下，文明成长不进反退，已有的文明成果也被破坏。

粮食产出的不确定性在一次次引发农民生存危机的同时，也会将整个社会卷入无时不在、无处不在的冲突和纠纷中。为了化解冲突和纠纷，政府仲裁真是压力山大。有限的赋税造成有限的治理能力，建立在这样一个糊口式农业社会基础上的任何政府，都不可能有足够的资源，对所有纠纷巨细靡遗地予以仲裁，也不可能有足够资源给所有人的生存危机予以充分的救济。古代的王朝政府只能从有限的土地产出中获取有限的收入，却要面对无休无止的仲裁需求。治理需求与赋税资源之间，成为不可解决的悖论。

于是，站在农民的角度，一方面，政治机构保护能力不足，人们必须寻求额外的暴力手段以自保，无论是抵抗他人的暴力，还是以暴力打击他人，亲友团体"人多势众"都是最基本的生存优势；另一方面，人们也普遍地不能指望政治机构的救济，群体互助成为生存的必需，亲友团体"众人拾柴火焰高"成为最基本的生存保障。

所以，无论是出于自我保卫还是自我救济的需要，粮食产出不确定都将会刺激一切人、一切群体优先追求人口增殖。也就是说，以耕养战，将粮食转换成人口，用"人多"武装自己，不仅是一种"国家策略"，还是一种"个人选择"，它是渗透到每一个人头脑中的"日常无意识"。"生命不息，耕战不止"，成为笼罩在古代中国文明头上的宿命。①

虽然精耕细作是老祖宗不断探索和实践的农业法宝，但实际上，在古代的技术条件下，精耕细作对于单位亩产增长的促进很早就见顶了。北京大学学者韩茂莉在《中国历史地理十五讲》中指出：

> 回顾中国数千年的农业发展进程，单季农作物产量提高幅度并不大。以黄河中下游地区为例，汉代这里旱地作物粟（谷子）的亩产量约为3石，合今制为120斤。隋唐时期粮食亩产一般为2石左右，唐代容器量制比汉代大，这一产量合今制约为140斤。北宋时期亩产为1~2石，宋代石的容量又比唐代略大，这一产量合今制为117~155斤。明清时期粟类粮食亩产又略有增加，据研究，中上田可以达到150~200斤。数千年间，以粟为代表的旱地作物增产幅度并不大，玉米大量推广后，旱地作物亩产才有了较明显的提高，一般可达280~300斤。至于南方的稻米，以农业集约程度最高的江南地区为例，根据文献记载，折合成统一亩制与量制，南宋时期每亩产量为1.3石，元代为1.8石，明代为2.1石。江南以外的南方其他地

① 教民耕战，以民的存在为前提。战争中的诸侯国对于作为耕战前提的人力有着急迫的需要。《国语·越语》记载了越国的婚育激励政策："令壮者无取老妇，令老者无取壮妻。女子十七不嫁，其父母有罪；丈夫二十不娶，其父母有罪。将免（分娩）者以告，公令医守之。生丈夫，二壶酒，一犬；生女子，二壶酒，一豚。生三人，公与之母（乳母）；生二人，公与之饩（食物）。"尽管后世的大一统国家对于人力的需求不像战争中的诸侯国那样急迫，但是作为古代国家，它们也没有能力逆转民间自发的生育热情。

区，稻米亩产的基本水平与提高幅度均达不到这一水平。总体来看，粮食亩产的变化相对于千年历史、相对于几千年之内人口数额的不断增长，显得滞缓而微弱。

古代中国有着发展农业的土地保障。从黄土高原到黄河流域再到长江流域、钱塘江流域乃至更广阔的区域，尽管耕作条件各不相同，但是天赐的可耕土地是广大的，因此在东亚这片相对平坦的大地上，只要和平的年代降临并持续几十年，在"务劝农桑"的政策推动之下，这里就会出现人口增长—开垦新农田—人口暴增—开垦更多新农田的循环。

必须指出的是，这些新农田、旧农田基本上仍然处于东亚的季风区中，处于大江大河的流域内，粮食产出具有天然的不稳定性。而优先追求人口增殖的社会，必然热衷于开垦劣质土地，并且在单位土地上投入更多劳动，以种种方式提高总产量和总人口，从而推高了人地比例，减少了粮食产出的剩余率，反而形成粮食风险与人口数量互相推高的恶性循环。这种恶性循环持续发展下去，农民的生活一天比一天更艰难。英国经济史学者托尼（R. H. Tawney，1880—1962）曾经对民国时期的中国农民生活有这样一个比喻："有些地区农村人口的境况，就像一个人长久地站在齐脖深的河水中，只要涌来一阵细浪，就会陷入灭顶之灾。"实际上，这一形象的说法对于古代中国大部分时期，尤其是王朝中后期的大部分农民都成立，因为他们毫无例外地处于这种人地比极高、粮食剩余率极低的高风险境况之下。这也就必然导致社会一天比一天更加动荡。

于是，有限土地上的人口暴增宛如不断上升的水位，叠加长周期的农业衰退，使王朝稳定的"堤坝"越来越危险。一旦"堤坝"决口，就将迎来剧烈动荡和人口暴降！

典型的例子如东汉末年，朝廷为了镇压羌人在西北的长期叛乱，财政上入不敷出，甚至要靠卖官鬻爵来获得收入，根本无力保障民间。大量的民众朝不保夕，张角创立太平道，揭竿而起，吸引了无数的流民跟随，黄巾军横扫整个汉朝国境，朝廷军队无力镇压，只能号召各地自保。于是，各地诸侯扩张了自己的势力，迎来了三国时期，开启了三国两晋南北朝的数百年大动荡。

历史地理学者葛剑雄曾经根据史书记载的户籍信息推断：从西汉到东汉的过渡期间，国境内的人口减少了约50%；从三国时期到隋朝建立数百年的大动荡，虽然有周边人口迁入的因素，总人口仍下降一半甚至更多；宋朝灭亡到元朝建立期间，北方的人口骤减80%；清朝取代明朝的动荡时期，人口的跌幅也达到40%。对于这种惨烈的"溃坝"景象，其他学者也有类似的估计。

而这种惨烈的"溃坝"景象，在古代中国的历史条件下是不可避免的。不光是农民开垦土地增殖人口这样一种"生命不息，耕战不止"的死循环在推动它，君主的治国之道也在推动它。

近年有学者总结，商鞅之道和韩非之术构建了秦制，也就是秦帝国的统治制度与政策。秦制的理论基础是商鞅的"国富而贫治""民愚则易治"，而韩非更是将商鞅的弱民、贫民、愚民之道进一步具体化，使之具有极强的可操作性。在商鞅之道和韩非之术的结合下，秦制形成了两大基本特征：其一，王朝以官僚集团而非封建贵族作为政权的统治基础，又时时防范、压制官僚集团，抑制世家大族的势力；其二，施政的核心诉求是尽可能地提升人力与物力的汲取强度与总量。这样的两大"秉性"，就使得秦制必然致力于消灭一切有影响力的人与组织，追求一种散沙化与原子化的扁平社会结构。

汉制大体上也是秦制的延续，此后两千多年里的历代王朝，都沿着这条路径一直不停地走下去。所以，清末改革派思想家谭嗣同在《仁学》中一言以蔽之，"二千年来之政，秦政也，皆大盗也；二千年来之学，荀学也，皆乡愿也"。

因此，对于古代中国来说，君主的治国之道，也就是这两千年来一以贯之，致力于消灭一切有影响力的人与组织，追求一种散沙化与原子化的扁平社会结构的秦制。

"始作俑者，其无后乎！"回顾两千年之秦政，拿商鞅和韩非当恶人固然很容易，但并不能说他们两位就是什么邪恶的天才，一个发明就神奇如斯，让后世的中国人固守他们的道与术，不敢有违。秦制的两个特征，只是应对高风险农业的必然结果。面对高风险农业所导致的治理需求和赋税资源之间的悖论，就必须既开源又节流，也就是在尽量汲取税收的同时，尽量降低社会冲突的烈度。

相比于贵族集团，文职的官僚集团能够更大程度地服从君主的命令，强化资源汲取；同时，官僚集团也不会像自带武力的贵族集团那样，时不时就爆发武装冲突。而防范官僚集团，抑制世家大族，致力于消灭一切有影响力的人与组织，既能进一步排除资源汲取的障碍，又能进一步降低冲突的烈度。官僚体系治理下的散沙化和原子化的扁平社会结构，无非是缓解治理悖论、勉强维持社会秩序的必然。

因此，无论有没有商鞅、韩非这样的人物来发明秦制的道与术，都不会妨碍秦制的形成。事实上，粮食高风险是欧亚大陆的普遍状况，秦制的特征，在古代罗马历史和中世纪以来的欧陆国家历史中都可以观察得到，差异只在于表现形式和发展程度。但是，秦制并不能解决粮食高风险这个根本问题，它也只能够缓解而不是解决治理需求和赋税资源之间的悖论。民众付出了极大的代价，而获得的治理水平仍然是极其低下的、不可持续的。秦制为了有效治理而不惜牺牲社会活力，反过来又掏空了自身的基础，最终也只能让自己泥足深陷，走向崩溃。

这又是为什么呢？

我们可以看到，站在黎民百姓的角度，秦制之下的他们在生活水平越来越低的同时，要承担的赋税不减甚至是反增，他们是人力和物力的汲取对象，是王朝治理悖论的牺牲品。但黎民百姓并不是毫无感情的机器零件，他们能感受到压迫和苦难，为了逃避王朝中后期越来越不可承受的税负，他们就想方设法逃离大一统帝国编户齐民制度下的国家佃农身份，投献土地于地方豪强寻求庇护，形成每一个大一统王朝中后期愈演愈烈的土地兼并和人身依附。这样一来，一方面助长了地方与官僚集团互为表里的世家大族势力，另一方面又掏空了大一统国家的赋税基础，使得秦制的两大基本特征都难以为继，官僚体系失能，散沙化和原子化的扁平社会结构被逆转。也就是说，在高风险农业这一无可更改的前提下，正是大一统国家对于秩序的追求，推动了它对于自身的摧毁。

中国历史上有无数和平时期的秩序崩坏事例，可以作为这一过程的呈现。

据《义乌县志》记载，明嘉靖三十七年（1558），浙江永康的盐商施文六路过义乌，以为当地八宝山一带有矿，于是组织了百余人来开矿。义乌当地的土豪大姓陈大成等人发现后，带领宗族乡民阻止，抓了十余人押解到县府报官。县令赵大河不欲多事，一番教训之后就把人释放了。受到官府这种宽纵态度的鼓舞，施文六更加踊跃，再次组织了千余人占据矿坑，大张旗帜，号称为国家增加赋税。见到官府如此软弱，当地一位有郡侯爵位①的豪强李公站出来说话，宣称杀死矿工不论罪，于是陈大成等人得到了县令的承认，率领宗族乡民数百人剿贼，杀死了施文六等三十余人，驱散了余众。但是不久之后，附近善于炼矿的处州又来了三千余人，再次占领矿坑。这次县府积极布置，陈大成再次率领三千当

① 按明朝非宗室爵位共五等爵，后来子爵、男爵被革除，只留公、侯、伯三等爵，郡侯为第二等爵。

地人打垮了这些矿工。

这一系列的械斗规模之大，惊动了当时的抗倭名将戚继光，他上书《练义乌兵议》给当时的浙江总督胡宗宪说："闻义乌露金穴括徒，递陈兵于疆邑，人奋荆棘御之，暴骨盈野，其气敌忾，其习慣而自轻，其俗力本无他，宜可鼓舞。及今简练训习，即一旅可当三军，何患无兵？"这就是戚继光所练义乌兵的由来。

虽说义乌兵骁勇善战，为抗倭立下了功勋，但是我们回看这个故事，它意味着什么呢？

不管是施文六聚集的永康矿工，还是邻近地方处州来的矿工，都脱离了原有的编户齐民秩序，其中混杂着"惯贼"之类的亡命之徒，可以称作中国式的"法外之人"。能力有限的官府对于这种愈演愈烈的地方失序无力作为，先是得过且过纵容不法，不得已则要依靠会聚在地方豪强旗帜下的底层民众法外施法，一步步破坏了地方上的法律秩序。[①] 而此类事件并不罕见，清朝的历史记载更为详细，从清中期开始，南方地区的福建、广东、广西、江西、安徽、浙江等省，也都普遍发生了此类大规模的民间械斗。

王朝中后期的这种秩序崩坏，作为周秦之变的逆向过程，逆转了秦制国家的治理原则，为大一统国家的崩溃铺平了道路。

在这种秩序逐渐崩坏的大趋势之外，长期气候变迁还会给农业生产带来周期性的整体变化，在每一个长期气候变迁的降温阶段，都会造成大范围的农业衰退。

① 县令赵大河后来成为戚继光的文职助手，并不是一个懦弱无能的人，他在事件中的表现是政府能力极其有限造成的。

季风年复一年影响着中华大地，这是一种持续不断的短期气候变化，通过对农业生产的影响，给历代王朝带来了大量人口，也带来了低水平的粮食剩余率。之后，短期气候变化再叠加长期气候变迁的降温阶段，农业衰退成为必然发生的一幕，这就导致了大一统王朝末期的糟糕状况。这种艰难时期的救济需求，极大地超出了王朝的救济能力，使社会秩序遭遇严重冲击。要在这种状况下维持社会秩序，就需要强大的政治机构，也就是强大的官僚组织和军事力量，而衰退的农业生产又更加不可能提供足够的赋税来支持这样的政治机构，于是，在这种治理需求极度高涨与赋税资源极度衰退的悖论之下，大一统的政治秩序就必然崩溃！

明清之际的历史就为我们提供了这样的经验样本。

明末清初的小冰河期，就是一个长期气候变迁的降温阶段。综合南北方志记载，灾变的前兆可以追溯到嘉靖朝（1522—1566）前期，到了万历十三年（1585）越发明显，在时起时伏的发展中，终于在崇祯朝到达高峰，而后拖延到康熙二十六年（1687）才算收尾，前后迁延一百余年。

戚继光所讲的义乌械斗的故事发生在1558年，当时已经是嘉靖后期，秩序崩坏的序幕已经拉开。这个将要持续百余年的小冰河期导致农业持续衰退，更加推动了秩序崩坏的进程。万历三十四年（1606），江南人汤显祖在给友人的书信中写道："治世人多于事，否则事多于人。世际竟未知何如也！"在时人眼里，世事纷乱，已经使人应接不暖，乱世已经明明白白地降临了。到了崇祯朝，灾变达到了高峰，河南人郑廉在《豫变纪略》中记载了触目惊心的当地灾情：

崇祯三年，旱。

崇祯四年，旱。

崇祯五年，大旱。

崇祯六年，郑州大水，黄河冰坚如石。

崇祯七年，夏旱蝗。

崇祯八年，夏旱蝗，怀庆黄河冰。

崇祯九年，夏旱蝗，秋开封商丘大水。

崇祯十年，夏大蝗，闰四月山西大雪。

崇祯十一年，大旱蝗，赤地千里。

崇祯十二年，大旱蝗，沁水竭。

崇祯十三年，大旱蝗，上蔡地裂，洛阳地震，斗米千钱，人相食。

崇祯十四年，二月起大饥疫，夏大蝗，飞蝗食小麦如割。

崇祯十五年，怀庆地震，九月开封黄河决。

但是，越是秩序崩坏的时候，越是叛乱蜂起，就越是需要更多的开支来镇压叛乱，灾情非但得不到救济，灾民反而备受征派增饷之苦。崇祯七年，曾任兵部尚书、退居洛阳的吕维祺给朝廷上奏折：

盖数年来，臣乡无岁不苦荒，无月不苦兵，无日不苦挽输。庚午（崇祯三年）旱，辛未旱，壬申大旱。野无青草，十室九空。于是有斗米千钱者，有采草根木叶充饥者，有夫弃其妻、父弃其子者，有自缢空林、甘填沟壑者，有鹑衣菜色而行乞者，有泥门担簦而逃者，有骨肉相残食者。兼以流寇之所焚杀，土寇之所劫掠，而且有矿徒之煽乱，而且有防河之警扰，而且尽追数年之旧逋，而且先编三分之预征，而且连索久逋额外抛荒之补禄……村无吠犬，尚敲催征之门；树有啼鹃，尽洒鞭扑之血。黄埃赤地，乡乡几断人烟；白骨青磷，夜夜似闻鬼哭。欲使穷民之不化为盗，不可得也；使奸民之不望贼而附，不可得也；欲使富之不率而贫，良之不率而奸，不可得也。

面对乱世，理学名家吕维祺备感无力。

长期气候变迁的影响是全局性的，北旱南涝，北方糜烂，南方也不能幸免。同样在崇祯七年，应天（南京）巡抚张国维在《抚吴疏草》中写道：

　　奈何三吴数年以来，水旱频仍，风雹洊至，正供与杂项并急，公帑如洗，积逋与预征交并，敲扑日烦，家无隔宿之储，人鲜乐生之念，憔悴支离，郑图难绘。且年来军器改造、弓箭改造、辽饷加征，民力已竭，而额外可缓之需复责以累年浮坐之数，则皮尽而毛安附？恐不能为半壁之东南深长虑也。

南北都是如此，也并不存在辗转腾挪的余地。崇祯在位共十七年，从这时候算起，大明又在死局中苟延残喘了十年，终归于尘土。

在大明灭亡（1644）之后，小冰河期还持续了四十余年，到康熙二十六年（1687）才最终落幕。但是从顺治朝（1644—1661）到康熙朝（1662—1722）前期，秩序已经逐步恢复，并不需要等到小冰河期完全结束。有一种意见认为，从美洲引进的番薯等作物在其中起到了关键作用，确实，或许此类"技术因素"有所帮助，但它并非关键，即使没有番薯，每一朝代的初期也都是一个秩序恢复的时期。

其中的道理并不难理解。在小冰河期前期的明末，或者任何一个王朝的末年，人口已经大量死亡，比如明末的人口损失率可能就高达40%，于是人均耕地大幅度上升；退一步讲，即使农业尚待恢复，平均到每个人身上的野菜野果也会显得更充裕一些。在这个状况下，无论有没有番薯，人们抵御灾荒的能力都将有所回升，从而有助于秩序恢复。这就是清初治世的前提，明末清初一乱一治，即由此而来。

最终，在短期气候变化和长期气候变迁的共同推动下，大一统的政治秩序就必然周而复始地建立和崩溃。所谓"分久必合，合久必分""百代都行秦政法"，就成为周

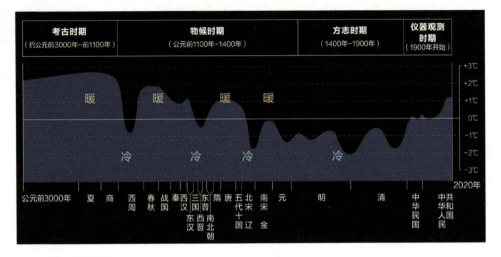

考古时期 （约公元前3000年-前1100年）	物候时期 （公元前1100年-1400年）	方志时期 （1400年-1900年）	仪器观测 时期 （1900年开始）

| 暖 | 暖 | 暖 | 暖 | | | |
| 冷 | | 冷 | 冷 | | 冷 | |

+3℃
+2℃
+1℃
0℃
-1℃
-2℃
-3℃
2020年

公元前3000年　夏　商　西周　春秋　战国　秦西汉　东汉　三国　西晋　东晋　南北朝　隋　唐　五代十国　北宋辽　南宋金　元　明　清　中华民国　中华人民

图20　竺可桢曲线图

5000年来中国的长期气候变化，被著名科学家竺可桢浓缩在一张图中，因此也被称为"竺可桢曲线"。

秦以来中国文明历程的既定模式。

在这种历史模式下，由分裂到统一的过程反复重现，统一作为正向的周秦之变，和分裂作为逆向的周秦之变，就被压缩在每一个王朝循环的首尾，反复发生；而社会的分工结构，也就是生产力，就在这种反复震荡中失去了累积成长的可能，持续地困守在低水平上。

"礼失求诸野。"当以中国为代表的欧亚文明世界苦于天命而陷入困境的时候，在文明世界的边缘之地，为幸运所笼罩的一种新的文明力量悄悄地生长起来。

第三章

不列颠岛上的快乐野蛮人

英国历史少有惊心动魄，多的是岁月静好，但是这岁月静好中孕育出了人类历史上第一个真正意义上的全球性帝国。欧亚国家在羡慕嫉妒恨之余，也都致力于像它那样富国强兵，渴望迈向"现代化"。"大英的今天，就是我们的明天"，这曾经是普遍的发展追求。但是回顾几百年来的历史变迁，人们会发现，除了美国的发展历程与英国差堪比拟，大多数国家都走过了与英国相当不同的现代化历程。人们也越来越意识到，以率先现代化为标签的英国历史，是独一无二的特殊现象。

对于英国历史特殊性的研究与表述，就细节而言已经很充分了，但是仍未有一种整体性的、根本性的解释能够获得公认。在这一章当中，我们仍然坚持"粮舵"的分析方法，从农业生产的社会影响这一视角出发，"逻辑与历史相统一"，回顾和评论英国历史的特殊性质，来推进这样一种整体性的、根本性的新解释。

在探讨中国历史的过程中，我们已经评论了不稳定的农业生产的社会影响。不稳定的农业生产，带来不稳定的力量对比，以及对这种力量对比的预期，强化了以互相背叛为理性选择的囚徒困境，造就了持续的战争进程，推动了作为第三方仲裁的政治权威的成长，以及相应的官僚机构和军事组织的发展。

　　那么，基于同样的原理，在英国，稳定的农业生产会把这一切社会影响都反转过来——在一种弱冲突的、较为和平的生活基调下，社会对于作为第三方仲裁者的政治权威需求较弱，相应地，行政机构与司法机构以及作为这些机构之后盾的武装力量的发展，也都会较为迟缓。

　　一言以蔽之，英格兰这块土地自带恒产加成，僻处海外的这群"快乐的野蛮人"由此成为天选之子。"有恒产者有恒心"，他们凿井必得饮，耕田必得食，不以耕战为本，不为帝力所困，在漫长的静好岁月里累积创造，开辟出一种全新面貌的历史进程。

第一节

海风吹不倒巨石阵

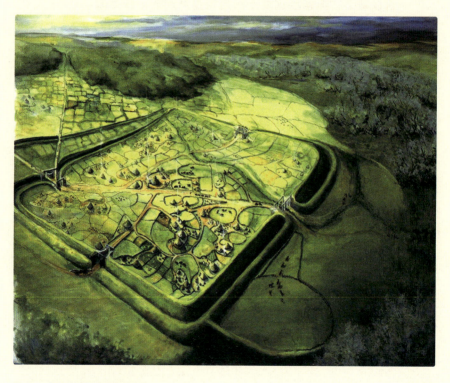

图21 "奥皮达"想象复原图

在铁器充分发展的时代，不设重防的"奥皮达"，是英格兰低冲突社会的隐喻。

让我们从英国迈入现代世界大门前的历史讲起，那真是一段岁月静好的漫长时光。

虽然英国没有像一众古文明那样，有着遥远的上古传说和辉煌的古代历史，但是考古发现，英国拥有文明成长的基本条件并不晚。新石器时代的特征是农耕和定居生活，不列颠岛的农业时代开始于公元前4000年到3000年之间，从欧洲大陆移居到不列颠岛的人引入了驯化的牛和羊，种植小麦和大麦，并掌握着制陶技术。他们砍伐森林以种植谷物和放牧，到公元前3000年时，这种农耕生活方式已覆盖了不列颠岛的绝大多数地区。英格兰的青铜时代开始于公元前2150年前后，也并不比欧亚大陆明显迟到，不列颠岛西南部今日称为康沃尔郡和德文郡的地方，锡矿蕴藏丰富，到公元前1600年时（大体相当于目前认为的商朝建立时），当地的锡作为制造青铜的原料已被大量输送到欧陆，考虑到这种交换是双向的，不列颠应该不缺少青铜。

与欧洲大陆不同，新石器时代的不列颠居民较少生活在聚落中，穴居生活更为普遍一些，直到青铜时代早期，人们才开始生活在很少设有重防的敞开聚落中。无论是穴居还是敞开聚落，战争影响的痕迹在这里都是微乎其微的，欧亚大陆常见的那种设防痕迹，比如壕沟、城墙、瞭望塔等，在这里都缺少表现。相比之下，从新石器时代直到青铜时代早期，不列颠和邻近的爱尔兰地貌中最突出的变化，不是战争痕迹，而是众多庞大的纪念性建筑。其中最知名的，正是位于今天英格兰威尔特郡的巨石阵。它占地11公顷。考古学家认为，它的建造分为几个阶段，延续了至少1500年。第一阶段相当于新石器时代晚期，从大约公元前3100年开始，先是修建了环形的沟渠和土台，用蓝砂岩排列出由两个圆环构成的巨石阵的雏形；第二阶段从青铜时代早期的公元前2100年开始，到公元前1900年左右，又修建了通往石柱群中央部位的道路，规模庞大的巨石阵也在此期间落成，石柱顶上还有横卧的巨石为楣；而在其后的500年间，这些巨石的位置被不厌其烦地重新排列，直到青铜时代中期的公元前1400年左右，最终形成了今天的格局。它的功能或用途迄今众说纷纭，没有定论，但毫无疑问，它是一种持续而有规划的社会行动，表现了一种基于人口与合作的社会力量。

尽管以巨石阵为代表的众多庞大的纪念性建筑表明，不列颠岛并不缺少人口与社会力量，但是这一时期却没有广泛出现设有重防的聚落，没有像中国龙山时期那样防御力强大的石城、土城、水城。与同时期的欧亚大陆相比，这种反差正表明了不列颠岛上流行着一种弱冲突的、较为和平的社会生活。

图22　英格兰巨石阵

　　持续的和平生活，
使得人们可以专注于建
造壮观的纪念设施。

图23　巨石阵想象复原图

　　不过，这种社会生活不是无限延续的。有考古证据表
明，青铜时代晚期的公元前1200年前后，欧洲和西亚地区
出现了广泛的大动荡。在东欧和西亚，赫梯帝国和迈锡尼
诸城邦瓦解，整个环地中海地区都被乘船而来的敌人破坏，

不列颠岛乃至欧洲大陆的文化也出现了较大规模的断裂，不列颠岛上祥和安宁的早期历史被打断了。

尽管在青铜发明后的1400多年中，青铜取代了石头，成为制造工具和武器的原料之一，但是由于不列颠岛地处西北欧，岛上森林繁茂，青铜工具的出现在这样的地区对农业的推动力并不强，因此青铜时代的农业发展仍然是有限的。考古发现，到了青铜时代晚期，被清除的林地主要还是位于不列颠岛南部。这种状况一直持续到了公元前750年前后，当时来自欧洲大陆的铁器文化开始影响到不列颠岛。

铁器的优势是明显的。它硬度更高，更耐用，数量更大。与木犁头或铜犁头相比，铁犁头犁地更快、更深，铁斧砍伐树木和开辟耕地也更为迅速有效，由此给农业带来了巨大的推动。在铁器时代早期，威尔士地区森林的主要清除工作已经完成；而到了铁器时代的晚期，英格兰北部的森林也被大量清除了，全岛的大部分地貌已适合务农；岛的北部和西部也有了大量的谷物种植，整个不列颠岛已经普遍进入铁器农业时代。据恺撒的《高卢战记》记载，在罗马征服之前的铁器时代晚期，公元前1世纪时的不列颠岛沿海一带，农业人口已经相当密集。①

随着铁器时代的展开，在不列颠岛中南部地区，占地1～6公顷、层层设防的山寨式聚落大量涌现，在公元前6世纪到公元前5世纪早期达到了一个高峰。在公元前400年前后，一些山寨被弃置，而仍被使用的少数山寨则地位更

① 《高卢战记》："住在不列颠内地的人，据他们自己的历代传说，是岛上土生土长的。住在沿海地区的人，则是为了劫掠和战争，早先从比尔盖迁移过去的，通常就用他们原来出生的那个国家的名字称呼他们。打完仗后，他们就在这里居住下来，并且开始耕种田地。居民很多，简直难以计数，他们的房舍建得很密集，大部分跟高卢的相像。"

加突出，其中一些一直延续到了公元前1世纪。在早中期的山寨式聚落衰落之后，不列颠出现了考古学家称为"奥皮达"（oppida[①]）的聚落。考古学家所说的"奥皮达"占地很广，通常有坚固而不连续的土墙，它是地区中心，是聚集和交换的场所，甚至有造币功能在这里发展起来，表明社会规模的放大。

设防山寨的衰落，和地区中心"奥皮达"的兴起，表明不列颠社会的一种往复变化。从新石器时代直到青铜时代，生产力发展缓慢，要到铁器时代才有了生产力的跃升。不同的族群因为不同的机缘，发展有快有慢，原有的力量平衡被打破，冲突水平上升，这一时期所涌现的设有重防的山寨式聚落，表明了原有的弱冲突的、较为和平的社会生活不复存在。

这一幕似曾相识，不列颠岛上从和谐到动荡、从低冲突到高冲突的变化，和我们前面描述的古代中国进入春秋战国时代所发生的场景很相似，而且这种变化都伴随着铁器的普及。

但是与古代中国走向大规模冲突不同，随着铁器时代的展开，不列颠岛上稳定的农业生产环境，使得新的力量平衡再次建立，设有重防的山寨式聚落竟然逐渐衰落，那些带有地区中心性质的、用于聚集和交换的"奥皮达"逐渐发展起来。这种性质的"奥皮达"，可以视作早期纪念性建筑的回归，表明在铁器时代晚期，罗马征服之前，不列颠社会生活中那种弱冲突的、较为和平的基调已经再次呈

[①] 这个词借自拉丁文，恺撒曾用这个词来形容不列颠人的聚落，但是他明确地说"oppida"在不列颠人那里指的是"用壁垒和壕堑防护的枝叶繁密、难于通行的森林地区"，听起来更像是避难所，或者就是山寨聚落的遗存。

现出来。如果用古代中国做比喻，那就等于是不列颠岛刚刚步入春秋战国时期的乱局，就又掉头回到了仰韶时代的田园牧歌之中。

随着公元前1世纪罗马征服的到来，才有了"文明世界"对于不列颠状况的文字记载。在恺撒入侵不列颠南部沿海时，当地还有许多彼此不睦的独立部落，正是靠着这些部落之间的内讧，恺撒才能够依靠有限的军力征服了当地人。恺撒之后，对不列颠的征伐沉寂了一段时间，到了公元1世纪克劳狄时代，罗马再次征伐不列颠。跟训练有素、组织精密的罗马军队相比，当地人的武力仍然主要由战车贵族及其率领的民兵组成，在战场上效能较弱，也不能长久作战。正如恺撒的记载，此时的不列颠东南部农业人口已经相当密集，因此在"奥皮达"这样的地区中心之外，政治和军事上的涣散状态，也从另一角度表现了当时不列颠社会生活的和平性质。

从克劳狄时代的征服活动开始，哈德良长城以南的不列颠中南部最终纳入了罗马版图，成为罗马的不列颠行省。从罗马征服直到公元5世纪盎格鲁–撒克逊人跨海入侵，这一时期的不列颠历史，更多地为罗马帝国史所遮蔽，因此较少呈现它自身的独特之处。

在4世纪末5世纪初，罗马军队撤离不列颠行省，哈德良长城以南的罗马不列颠失去了罗马的保护，陷入北部蛮族入侵带来的混乱之中。5世纪中叶，在无法得到罗马庇护的困境之中，罗马不列颠人邀请来自大陆的撒克逊人定居，以帮助他们对付北部蛮族，却为自己树立了新的敌人。撒克逊人，以及他们的日耳曼同族盎格鲁人和朱特人，不断从大陆来到不列颠，并占领了英格兰的东部和南部。经过一个多世纪断断续续的争战，公元577年，在今天格洛斯特郡的德哈姆之战中，盎格鲁－撒克逊人取得了对罗马不列颠人的最终胜利，罗马不列颠人的势力要么残存于威尔士山区，要么已经撤往英吉利海峡对岸的布列塔尼。尽管今天的学者认为大部分罗马不列颠人留下来并融入了盎格鲁－撒克逊的统治，但是罗马不列颠作为罗马帝国的一部分，就此随着罗马帝国一起衰亡了。

盎格鲁－撒克逊人在占领英格兰的过程中，建立了可能多达三十多个的小王国。从6世纪到8世纪，在基督教文化的影响下，这些断断续续互相争战的小王国互相融合，形成了七个较大的王国，并实现了盎格鲁－撒克逊人在文化上的统一。在这样一个历程中，不列颠岛上弱冲突的、较为和平的社会生活基调再次呈现出来，正如罗马征服之前的不列颠人那样。

与罗马这样的古典国家相比，盎格鲁－撒克逊人的社会组织并不严密，直到8世纪末9世纪初维京人入侵的时代，盎格鲁－撒克逊人的军队仍然像罗马征服之前的不列颠人那样，以农闲作战的民兵为基础。在维京入侵的打击下，9世纪初还保持独立的四个盎格鲁－撒克逊人的王国之中，只有霸主威塞克斯王国幸存了下来。在维京人的压力下，9世纪末的威塞克斯国王阿尔弗雷德大王进行了军事改革，使民兵交替轮流作战，耕作与作战能够并行不悖，并且以授土贵族为职业军人，组织常备军。贵族军与民军相结合，大大提高了盎格鲁-撒克逊人的军事动员水平。新的军队组织方式与筑堡防御相结合，盎格鲁-撒克逊人挡住了维京人的进攻，把维京人限制在了名为"丹法区"的英格兰东部、中部和北部地区。在随后的反复争夺中，盎格鲁-撒克逊人最终收复了丹法区，丹法区的维京人和盎格鲁-撒克逊人逐渐融合在了新的英格兰民族之中。

10世纪末，正当新的英格兰民族成形之时，丹麦人再次大举入侵，并在征战之中建立丹麦王朝。在围绕王位继承的纷争中，英吉利海峡对岸的诺曼底公爵威廉入侵英格兰，战胜了英国国王哈罗德，结束了盎格鲁-撒克逊时代，建立起了诺曼王朝，史称"诺曼征服"，这也是英国历史上最后一次外来征服。

诺曼征服移植了来自欧洲大陆的封建制度，封土和城堡覆盖了英格兰全境。但是在英格兰，封土和城堡这样的封建制度特征并非毫无本土渊源，在阿尔弗雷德大王的军事改革中它们就初现端倪了。在西欧当时的生产力状况下，相比于早先来自农民公社的民军，或者是来自部落民的武装小团体，这种更大范围的以封土为代价的军事服役制度，带来了国家动员能力的大幅度提高，而阿尔弗雷德大王时代已经出现的筑堡防御，也升级为更加雄伟的石筑城堡体系。

直到11世纪的诺曼征服以后，长期岁月静好的英格兰才建立起了独特的中央集权的封建君主制，这种制度实际上是一种君君臣臣的双向关系，国王和诸多贵族作为封君和封臣相互依存。在当时的英格兰，虽然国王和贵族们之间还没有订立什么成文的法律，但大家都遵守一整套的习俗，双方都熟知这套习俗，以这套习俗作为法律。如果其中一方违反了习俗，就相当于违反了法律。事实上，以习俗为法律，"不立刑鼎"，缺少成文法典，正是延续至今的英格兰传统，也是英格兰普通法的实质。

所以在那个时候，英格兰的国王也没有欧亚古典国家君主那样的绝对权威，而是受到了大大小小贵族的制约。在诺曼征服后，英格兰还没有建立起一支常备军队。当国家需要增加赋税和组织军队的时候，通常是要对外打仗了，国王就会要求贵族们支援自己，向贵族们临时增税，并征调武装参战。显然，没有贵族们的支持，国王作为第一贵族，也就是一个大一点的贵族而已，做不了什么事。

当时的英格兰国王能不能消灭不听话的贵族呢？难度非常大，因为国王在与那些大小贵族的实力对比中毫无优势。在当时英格兰数百万人口中，大约有一万名大小领主，他们每人拥有一块或几块封地。这些贵族在地方政治中活跃度较高，甚至会在家乡拥有公共办公室。在这些领主之上，还有数千名骑士，构成了这个国家最强大的军事力量，并拥有自己赖以维持生活和地位的土地。再向上，是英格兰的精英阶层——男爵们，他们大约有几百人，每个男爵都统治着乡下的大量土地，并且掌握了规模不等的军事武装。这些男爵中的大多数是从诺曼征服时期以来进入英格兰的家族（包括王室家族）的后裔。虽然他们都宣誓效忠国王，但是我们要再次强调，君君臣臣，封建权利和义务是相互的，他们也能制约国王，几个有实力的男爵联起手来，就能逼退国王的那点儿人马。

更不用说在国王和大小贵族之外，英格兰还有一个不容忽视的第三方力量——教会。当时的教会掌握了大片土地，而且英格兰的修道院院长、主教和大主教通常极具贵族气派，甚至具有王室血统，而主教由罗马教廷任命，不完全受国王控制。

国王为了制衡那帮忠诚度可疑的贵族，也只好扶持境内的工商业者发展工商业，如此一来，他能够从中收取一些税款，以维持和发展自己的力量。比如伦敦这样的大城市，能够给国王提供可观的税收，而国王也就乐意给予伦敦的工商业者一些特权，并保护他们的经商自由和安全。

1086年，征服者威廉一世命人进行土地占有调查，并颁布了《土地赋税调查书》作为记录。根据当时的粗略统计，该年度英格兰人口已达到268863人，这显然大大低估了当时的总人口。100多年后，英格兰的人口达到了200万～400万人。

当时英格兰人口最多的郡县在其东部——肯特和艾塞克斯、东安格利亚和向北部蔓延开来的一大片被称为约克郡的地方，另外一处人口聚集地在其西南一带，包括格洛斯特郡、威尔特郡、萨默塞特郡及德文郡。除此之外，当时的英格兰也以拥有大量繁荣昌盛的城镇为荣。伦敦是当时最大、发展最为迅速的经济政治中心，被当时的诗人称为"无可与之媲美之地"。二线城镇包括诺里奇、布里斯托、温切斯特、林肯、卡莱尔和约克，每一座城镇的居住人口都有几千人。当然了，英格兰的大多数人口主要以几百人为单位群居在分散的小村庄中。总之，从城镇和人口的结构看，英格兰与当时的古代中国是相当不同的。宋代的那些巨型都市要远远大于英格兰城镇，但大都市的形成不单单是经济原因，还往往是由于行政、军事等职能的集中造成的，受到多种因素的影响，它们的兴衰也更具戏剧性。英格兰缺乏集中的权力，因此也缺乏大城市，那些小城镇主要是依靠市场供需关系自然形成和维系的，它们的兴衰受经济因素影响也更大一些。

以伦敦为首的一些城市深知国王要依赖它们的工商业活动来获取税收，因此经常与国王讨价还价，获取一些特权。比如1130年，伦敦工商业者向亨利一世支付了100马克，用以换取这座城市的市民可以自己推选"市长"的特权。此后，伦敦还多次利用国王缺钱的机会故技重施，换取一些特权，并且屡屡得逞。

总之，即使诺曼征服给英格兰带来了集权的封建君主制，它也还没有像古典国家那样严密地组织起来。国王、大小贵族、城镇工商业者、普通农民之间的确存在着博弈和冲突，但并不激烈，彼此制衡，都有意愿遵守习俗，各安其位。

撼山易，撼英格兰的和平传统难。一阵阵强烈的入侵海风吹过去，习俗的巨石阵依然屹立在英格兰的旷野之上，引起我们对于天命的敬畏与沉思。

第二节

大宪章：代表习俗和传统

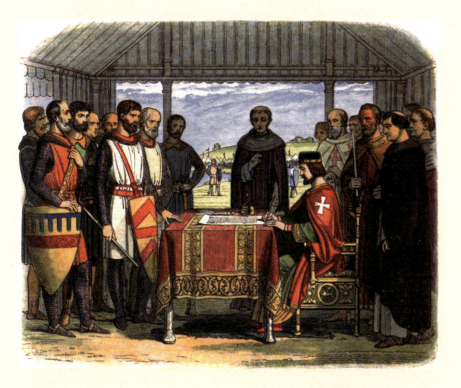

图24 《大宪章》签署想象图

　　这其实是一个错误的想象，在约翰
王的时代，签署并不用羽毛笔，也不劳
国王亲自动手。但是，这幅画很好地表
达了英格兰社会对于妥协传统的珍视。

尽管英格兰是天赐的和平之地，却不是每个英格兰国王都有意愿和机会安于和平，与大小贵族、工商业者、广大农民和睦相处。当一个国王钱袋太小而又要征战四方的时候，一出大戏就上演了。这个国王就是约翰王，而这一出大戏的名字就叫《大宪章》。从这一著名历史事件中，我们可以更加深入地了解英格兰当时的传统习俗是怎样的逻辑。

　　在诺曼王朝初期的震荡之后，英格兰迎来了金雀花王朝（1154—1399）。通过继承和联姻，原本的跨海领土不断扩大，在不列颠和诺曼底之外，英格兰的国王还拥有大陆上的安茹、缅因、布列塔尼、阿奎丹、波瓦图和加斯科尼等地，形成了一个北抵北海、南达比利牛斯山的所谓"安茹帝国"。不列颠岛孤悬海外，是一个地缘相对安全的所在，但跨海而治使得不列颠岛和欧洲大陆这海峡两侧的事务无法切割。

　　金雀花王朝的第三位君主就是约翰王。一方面因为与法王腓力二世在大陆争夺领地而战争不断，另一方面为了使苏格兰、爱尔兰、威尔士等地真正臣服而征讨其地，战争开支迅速增加，约翰王不断地向本国贵族、教会乃至城市榨取金钱，以填补自己的亏空。于是，国王与贵族、教会、市民之间的矛盾不断加深。约翰王在大陆上与法国国王作战屡遭失败，背上了"软剑"和"失地王"的名号，又在与教会的冲突中前倨后恭，被开除教籍后向教皇求和，政治形象迭次受损，更加刺激了贵族们的反抗之心。不愿意为对法战争缴纳费用的教会世俗贵族们在伦敦开会，向约翰王递交名为《佚名英国特权恩赐状》的请愿书，要求恢复"古代习惯的自由"。

1215年复活节，是约翰王答复反抗贵族们所提要求的最后期限，但是约翰王不仅不回复，还积极备战。一些被激怒的北方男爵打着举办传统的"比武大会"的旗号，集结了自己的军队，根据当时的记录，这支反叛大军不仅包括男爵们的骑兵、步兵和随从，还包括了2000名战力强大的骑士。男爵们准备以武力强迫国王改弦更张。不过反叛大军出师不利，在进攻一座国王城堡时迟迟无法攻下，这也说明英格兰城堡修建得很坚固，而当时的英格兰军队对于城堡的攻击办法并不多。

就在反叛大军心浮气躁之时，伦敦市民竟然送来了一封信，邀请他们前往伦敦，并且告诉男爵们：你们来了我们就开城门！男爵们立刻抓住这个天赐良机，挥师抵达伦敦，并顺利入城。这个局面让约翰王十分被动，倘若主动出击，他的军队打不过实力强大的男爵联军，打持久战也做不到，因为我们在前面已经说过，伦敦是国王重要的税收来源，现在市民们与反叛大军站在一起，自然不会再交税给国王了。双方僵持之际，第三方力量——教会出面了。

当时英格兰的大主教兰顿积极调停两方，让进退维谷的约翰王终于找到了台阶下，男爵们拟定用于约束国王的宪章草案摆在了约翰王的桌子上。

当年的 6 月 15 日，星期一，约翰王接受了这份宪章的条款，国王的手下开始誊写文件，并将副本分发至整个王国，希望通过主教和修道院进行宣传。6 月 19 日，贵族们重新向约翰王宣誓效忠。

许多现代人一再称颂的《大宪章》就这样登场了。这是一份既肯定国王权威和君臣关系，又明确写入教会与贵族特权的政治文件，它包含了 63 个条款，涉及男爵们关心的几大问题：正义与公平（维护古老的习俗）、遗产法规（约束国王任意征收遗产税）、贵族军事义务（限制国王随意征调）、王室林苑管理（不许国王乱占林地）等。此外，条款里还包括了教会和市民的诉求，明确了一些教会事务和市民特权。

男爵们拟定的《大宪章》的主旨，是将国王的权力约束在封建习俗之下，维系国王与臣民既有权利义务的传统边界。其中的第一条，就是对于国王权力的约束——"国王承诺不会在没有审判之前捕获任何人，在司法审判过程中不会接受任何贿赂，也不会行任何不义之事。"

一切看起来都很顺利，约翰王同意了《大宪章》的各项条款。他的抄写员们手持鹅毛笔，蘸上萃取的橡木汁，把各项条款整齐地书写在干燥漂白的羊皮纸上。仪式效果已经拉满了，但是有一个问题：如何让约翰王老老实实地

图25 《大宪章》手稿

以《大宪章》为代表的妥协性文件本身并无神奇之处，它们曾经出现在很多时代的很多地方。但是，只有在英格兰特殊的地缘所造就的和平秩序下，这一文件才获得了生命和荣光。

遵守这些条款呢？

答案在《大宪章》的第61条——为了王国的和平，为了平息国王和贵族的争端，双方应达成一致的妥协。为了能够相互遵守，要从王国中选出25名男爵来监督国王及其他贵族。如果发现国王违背任何一项条款，应当要求国王在40天内改正，否则这25名男爵组成的委员会，可以号召整个王国的臣民行使武力，来迫使国王改正，贵族们在法律上有权"以一切方法向朕施以抑制与压力，诸如夺取朕之城堡、土地及财产等，但对朕及朕之王后与子女之人身不得加以侵犯"。

第61条也被称为"安全条款"，是为了让国王能够遵守《大宪章》而制定的。听上去似乎也合情合理，如果国王不老实，就给他点儿颜色看看。

但是，这一条款恰恰破坏了英格兰古老的和平传统！大家起草《大宪章》的目的，正是因为英格兰从贵族、市民到农民，其实并不想与国王及其军队在战场上作战来解决问题。根据传统习俗，君权神授，国王管理臣民的权力来自上帝，国王自己不能进攻自己的臣民；反之，臣民们更不能主动进攻国王，"下克上"的行为是违背习俗的。而这第61条却开了个口子，让男爵们有进攻国王、发动内战的借口。原本为了和平而签订的宪章，现在却成了鼓励发动战争的号角。这是自相矛盾的。

严重点儿说，这第一版《大宪章》竟然会破坏英格兰古老的和平传统！

约翰王也好，男爵们也罢，还来不及去仔细琢磨这个隐患。愿望实现的男爵们刚刚解散回到自己的领地，约翰王就撕毁了《大宪章》。他从欧洲大陆招募来了雇佣兵，主动向男爵们发起进攻，并攻陷了一座重要的城堡——罗切斯特城堡。

男爵们愤怒了。国王的进攻严重违背了誓言，如此一来，君不君，臣不臣，他就没有资格再做大家的国王！一些男爵派人去法国找该国当时的王位继承人路易八世，邀请他率军支援，夺取英格兰王位。此外，听闻约翰王撕毁宪章、发动内战，就连苏格兰国王和威尔士的贵族们也动了趁火打劫的心思，纷纷起兵支援。英格兰那些原本保持中立的男爵也纷纷加入反对国王的阵营，就连约翰王的同父异母弟弟也背叛了他。

形势立刻逆转。更为糟糕的是，1216年7月，曾经支持约翰王平叛的罗马教皇英诺森三世去世了，约翰王已经山穷水尽。疾病缠身加上局势恶化，年仅48岁的约翰王竟然在当年的10月一命呜呼，结束了自己17年半充满了挫败的国王生涯。

国王死了还可以立新的国王，只要新国王愿意遵守《大宪章》。对峙双方又坐下来谈判，男爵们同意让约翰王年仅9岁的长子亨利三世继承英格兰王位，王室则答应恢复男爵们的地位，并赔偿他们的损失。最重要的谈判成果当然是双方都同意遵守《大宪章》，并且对原版的《大宪章》做了少许且重要的改动。

第61条即安全条款被删掉了，此后男爵们不能以安全理由开启战端，英格兰国王的合法性得到了维护，使《大宪章》能够更好地体现英格兰古老的和平传统。男爵们放弃了主动开战的书面条款，是因为此时双方的情绪已经改变了。面对约翰王，男爵们和国王是对立的，《大宪章》是男爵们强迫国王要遵守的法律条款；而现在，新王和男爵们没有宿怨，《大宪章》是双方共同拟定和遵守的法律条款。那么如何约束可能失控的国王权力呢？那就只能寄希望于《大宪章》是各方力量都愿意接受的原则，王室也愿意维护而不是破坏它。

《大宪章》在1216年11月重新颁布实施。亨利三世在位长达56年，在其任期内，大约每隔5年就会确认或重新发布一次《大宪章》。亨利三世热衷于明确《大宪章》的法律效力，当然不是多么有理想主义，愿意维护英格兰的古老习俗，他其实可以利用《大宪章》来"搞钱"。

《大宪章》中有一些限制国王收税的条款，但反过来说，也承认了国王对某些事项有征税的权力。国王在需要钱去打仗或者做别的国家大事时，可以借助《大宪章》与贵族阶层和平地协商，从而搞到钱。这种和平协商的方式发展到后来，就催生出了英格兰议会，此乃后话。

典型的例子就是1225年版本的《大宪章》第37条清楚地表明，此次重新颁布的《大宪章》是王室与贵族们政治博弈达成的结果。国王承诺维持王国的风俗习惯（即尊重贵族们的利益和自由），而为了报答国王的善举，"朕之子民将交付1/15动产于朕"。换句话说，国王为贵族们服务并让渡了一些自由权力，而贵族们则通过交税的方式回报国王。

在13至14世纪，《大宪章》一直发挥着上下协商的作用。比如1242年，为了征战欧陆，亨利三世提案向议会申请经济援助，这是议会第一次出现在英格兰历史舞台上。结果这次议会拒绝了国王的提案，理由是之前几次征收的税款，国王没有用好，"国王在获得他所要求的税费后，从未遵守自由宪章的条款，不仅如此，他还对其王国臣民实施了更严重的压迫折磨"。于是，亨利三世没有获得自己想要的税款。

掌控议会的贵族们不是省油的灯，亨利三世当然也不是。1258年，贵族们强迫他接受了对王权限制更多的条款，矛盾激化。在13世纪60年代初，亨利三世携长子爱德华开启内战，上演了近半个世纪前约翰王武力平叛的一幕，史称"第二次男爵战争"。此次战争王室先败后胜，但获胜后的亨利三世及其继任者爱德华一世都回到了维护《大宪章》的底线上。

到1272年亨利三世去世时，《大宪章》已经成为英格兰政治的常识性文件，就算人们记不住其中的条款细节，其和平协商的重要意义也已经在每一个受过教育的英格兰人心中根深蒂固，成为整个英格兰法律和政府系统运转的基石。《大宪章》最终确定的版本则是在爱德华一世统治时期颁布的，英格兰也在那个时期日益强大。

当英格兰来到都铎王朝的时代，王权扩张，封建消退，国王统领官僚式的贵族管理国家，君臣的地位不再平等，英格兰也成为一个集权国家。《大宪章》不再被反复确认重申，也就渐渐地被人们遗忘了，比如在莎士比亚的历史剧《约翰王》当中，就根本不曾提到《大宪章》。但是，它所承载的那种妥协精神并未消失。在斯图亚特王朝君主和议会的斗争中，《大宪章》又被从故纸堆中搬了出来，最终，《大宪章》的精神被1688年光荣革命后的《权利法案》所继承，以新的面貌再次呈现，并且伴随着英美国家的强大，产生了世界性的影响。

《大宪章》作为一个历史文件，其条款本身是很清晰的，但是后世对它的评价众说纷纭。

在"辉格史观"影响下，《大宪章》一度被看作开天辟地的立宪主义奠基性文件，彰显了自由与人权；但是也有人认为，《大宪章》并未提出什么新内容，只不过是重申了英格兰原本就有的封建传统习俗，并以成文法律的形式做出规定。也有人指出，《大宪章》"既有封建性质，也有立宪性质；既是倒退的文件，也是前进的文件"，而它的制定者"既不是向前看，也不是向后看，而只是对于当时争论的即时应对"。

如果我们认识到英格兰长期以来社会生活的独有特征，那么上面这些争议观点虽然看起来互相矛盾，却并非不能调和。《大宪章》的产生，与英国特殊的历史地理条件是分不开的。

正如前面不厌其烦的历史回顾所展示的那样，不列颠岛上的社会生活，自古以来就有着弱冲突的、较为和平的基调，与欧洲大陆隔海相望的地理位置，对这种社会生活也产生了一种地缘上的保护。除了铁器时代初期这个生产力剧变的时代，从青铜时代的文化断裂，到罗马征服，再到盎格鲁–撒克逊入侵，最后是维京入侵和诺曼征服，对于这种社会生活的冲击和破坏，一直都是外来的。"飙风不终日，暴雨不终朝"，每当剧变过后，不列颠岛上的社会生活又会恢复固有的平静。这种社会生活的基调，对于一切既有的"习俗"和"契约"，都有着支持和保护的作用。英格兰内部的和平，给予国王与臣民之间的既有利益格局以强大的惯性，乃至惰性，这就是所谓"习惯性的权利"和"古老的自由"。

在英格兰之外，约翰王继承了诺曼王朝直到金雀花王朝的大陆遗产，相比于不列颠岛，欧洲大陆则是纷乱不安的：一方面，到欧洲大陆上跨海征战的负累，牵动了英格兰国王和臣民之间既有的利益格局，时不时破坏着英格兰固有的和平；另一方面，英吉利海峡作为屏障，也给英格兰提供了与欧洲战乱切割，保持其固有和平的便利。也就是说，英格兰人是有退路的，如果欧洲大陆上的战争带来了太多的消极影响，英格兰国王和臣民可以选择退出这种战争来维护内部的和平。

在这种地理环境和地缘政治的双重作用下，《大宪章》的产生有着牢固的社会基础。《大宪章》曾经被多位国王甚至大贵族撕毁，但最终大家还是能够回到《大宪章》上，是因为在英格兰，它所代表的那种力量和趋势是根深蒂固、累世不移的。而立宪主义的成立，以英国这种妥协性的社会关系为基础；个人契约式的封建习俗，也同样以这种妥协性的社会关系为基础。这种妥协性的社会关系，就是所谓的"英国人长于宽容而不走极端"，正是自古以来的这种社会生活基调的表现。《大宪章》作为一个妥协性的法律文件，既是对当前事态的妥协性处置，也是重申过去的、为这种社会生活基调所支持和保护的封建习俗，又是对于未来同样根植于这种基调、为《权利法案》所代表的立宪主义的预示。

就《大宪章》而言，立基于英格兰社会生活自古以来弱冲突的、较为和平的基调，"向前看"（立宪主义），"向后看"（封建习惯），和对于当下争论的即时应对（当下的妥协），三者并行不悖。

历史证明，约束国王的权力，就根本而言，靠的不是协议文本，而是稳固持久的和平生活。一言以蔽之，有恒产者有恒心，天底下没有比英格兰更适合"无为而治"的地方，英格兰的天命就是"不折腾"。

在《大宪章》所代表的独特社会轨道上，英国的封建主义在此后的历史长河中持续演变，变得越来越与众不同了。

第四章

和平秩序：
现代社会的源头活水

16—17世纪，以租地农场为代表的农业进步出现在英格兰的土地上。这种农业制度具体来说，是租地的农场主一方面付出定额地租，得到土地使用权；另一方面支付工资，获得雇工劳动，有了收获后，在市场上出售粮食获得利润。

我们现代人对于这一幕是不是非常熟悉？

是的，这种农业生产方式，和后来逐步兴起的现代化大生产制度下，企业家一方面以工资购买工人的劳动使用权，另一方面以利息获得资本使用权，并在市场上出售工厂的产品获利，两者在经济逻辑上是相同的。

这种新型经济逻辑的出现，是文明史上第一个和平秩序与经济繁荣互相推动的典型事例。当欧亚大陆上的古代文明在粮食风险的困扰下步履蹒跚之际，在不列颠岛这个文明世界的边缘之地，英格兰人享受着长久的内部的安宁和外部的和平，远离战争，"猥琐发育"，从特殊的地租制度出发，终于成长为人类历史上第一个现代化国家，率先迈入了新世界的大门。

第一节

地租关系中的分流起点

图26 亚当·斯密的画像

　　在《国富论》第三篇当中，亚当·斯密记载了当时英吉利海峡两岸不同的地租关系和发展历程，为后人留下了珍贵的经济史现场记录。

一万多年前，人类进入了农业时代。从那时起，直到工业革命之前，地球上的绝大部分人都是"农民"。有农民，就有地主。农民加上地主，就是古代社会。农民和地主是一种什么样的关系，就决定了那是个什么样的古代社会。

我们要问，农民和地主会是什么样的关系呢？

其实很容易理解，农民和地主能有什么样的关系呢？都在字面上摆明了，一个种田，一个收租。说到底，农民和地主的日常，就是围绕着土地上产出的那点粮食，你琢磨我，我琢磨你，相互琢磨而已。

土地上的粮食产出如何在农民和地主之间分配，就是所谓的地租关系，用经济学术语说，就是所谓的合约。用大白话来说，也就是农民和地主之间得说个规矩，这地里出产的粮食该怎么分。这件事情虽然看起来好像没多大，却是农民和地主关系的核心，更是农业社会一切社会关系的基础。毕竟，古代社会里的主体人群就是农民和地主，那个时代的一切政治经济活动，根本上就是在围绕着农民和地主两大阶层兜兜转转。不过，虽然农民和地主之间的这种关系是"自古以来"就存在的，但是对于全世界各地的这种关系进行深入研究，却是很晚近的事了。

对这种"合约"关系的早期思考，出现在大名鼎鼎的《国富论》当中。在《国富论》第三篇第二章当中，亚当·斯密对当时（18世纪）法国的地租制度做了以下评论：

> 在古代的奴隶耕作者之后，逐渐兴起一种农民，现时在法国称为分益佃农。拉丁文称为Coloni Partiarii。他们在英格兰已经长期不复存在，我不知他们的英文名字是什么。地主为他们提供种子、牲畜和农具，总之是耕种土地所必要的全部资财。在扣除判定为维持资财所必要的以外，产物在地主和农民之间对分，当农民离开农场或被逐出农场时，资财归还地主。

在现代经济学的话语里，法国的这种分配规矩也叫作"分成地租"，"分益佃农"也就叫作"分成农"。现代人的历史研究告诉我们，这种分成农和分成地租并非只出现在18世纪的法国，它在欧亚大陆是广泛存在并且历史悠久的。那么，这种覆盖了广大时空的分成地租意味着什么呢？

斯密告诉我们，法国的"分益佃农"和地主按五比五的比例，共享土地上的产出。欧亚大陆上各地方的分成农和地主不一定按五比五的比例来共享土地产出，但是总的原则，都是你出土地我出劳力，按照某个比例来分配收获。收成好，你好我好，大家都能多一些收获；收成差，你不好我不好，大家都要承担一些损失。所以，分成地租，用现代的话语来说，就是合资股份制，意味着共享收益、共担风险。

这种制度是如此广泛、如此古老，所以很久以来，在整个欧亚大陆上，似乎没有人觉得它有什么需要深思之处。它看起来太正常了，好兄弟有难同当，有福同享，有什么不对吗？

还真有。

正所谓没有对比就没有伤害，让我们回头看斯密的话，"他们（分成农）在英格兰已经长期不复存在"。那么，英格兰的土地制度又是怎么回事呢？或者说，英格兰的农民和地主，他们又是怎么分配土地上的粮食产出的呢？

在16世纪末，英国就有了一个根据当时情况来说已经很富有的"资本主义租地农场主"阶级。租地农场主的经营方式是这样的：他以定额地租支付给地主，取得土地来经营；又以定额工资支付给农民，取得劳动来耕种。土地的产出，则由他独立出售，取得货币收入后，扣除支出的定额地租和定额工资，剩余就成为他独立所有的盈利。

定额地租支付给地主——获得土地

定额工资支付给农民——获得劳动

土地产出出售获得收入——扣除地租和工资，获得利润

那么，"租地农场主"，他是地主还是农民呢？

都是，又都不是。对于地主来说，他租地，他代替了农民；对于农民来说，他提供土地，他代替了地主。但是，他又不是典型意义上的地主或者农民，因为他不拥有土地，也不提供劳动。那么，他究竟是什么呢？

作为现代人，其实你把他拿来和我们这个时代的企业家比较一下就明白了。企业家怎么经营呢？他以定额利息支付给银行，取得融资以建立企业，又以定额工资支付给工人，取得劳动来维系生产。企业的产品，由他独立出售，取得货币收入后，扣除定额利息和定额工资，剩余成为他独立所有的盈利。

因此，租地农场主，正是现代企业家的先驱！

为什么英国会产生这样一群特殊的人，来作为现代企业家的先驱呢？这首先是因为英格兰特殊的土地制度。你可能已经注意到了，租地农场主向地主支付的是定额的地租，他和地主之间，并不是一种分成关系；同时，租地农场主向农民支付的是定额的工资，他和农民之间，也不是一种分成关系。

那么，围绕英格兰的土地，有没有过法国那样的分成地租呢？

按照斯密的说法，在英格兰，分益佃农曾经存在，但是到了18世纪，分益佃农（分成地租）在英格兰已经消失很久，所以是"长时期不复存在"。事实上，斯密在这里犯了一个不大不小的历史考据错误。根据另一位经济学家张五常所讲，在有据可考的英国历史上，是真的不存在分成地租的，当然也就不会有"分益佃农"这个词。在《经济解释》第四卷第四章《从佃农分成到中国制度》中，张五常写道：

> 他（斯密）说的事实不对。考查英国的历史我找不到佃农制度曾经在该国存在，不仅是很久以来没有。我的解释，是这不存在可不是因为无效率，而是因为永久或近于永久的农地租约，在中世纪甚或更早的时期在英国普及；年期短暂的农地租约在英国历史上没有记载。

也就是说，自英国有历史记载以来，年期短暂的分成

图27　张五常在书房

在博士论文《佃农理论》当中，张五常对地租关系做出了开创性的分析。

地租就不存在！在可考的中世纪甚至更早的时期，英格兰的土地制度就是上面讲的普遍的长期定额地租。

法国和其他大陆国家农业一年期短暂的分成地租
英国农业一年期很长的定额地租

如此古老而特殊的英国土地制度，它意味着什么呢？

英格兰的土地制度是普遍的长期定额地租，它是分成地租的对立面。相反相成，要理解长期定额地租，让我们首先回到分成地租的含义上来。

分成是什么？就是"入伙"，就是梁山好汉们心目中的"大秤分金银，大碗吃酒肉，同做好汉"。说到这里，你可能要笑了，讲分成地租，怎么还扯上了梁山好汉？其实，这还真不是瞎掰。分成，正是"好汉入伙"，正意味着它是一种**高风险**营生。

我们讲过，不同的地方有不同的粮食产出确定性，对于粮食产出忽高忽低、不够确定的欧亚大陆来说，在一块土地上辛勤耕耘，收成是好是坏，就像赌博一样没法预料。假如欧亚大陆各国像英格兰那样采用长期定额地租制度，地主向农民收取定额地租，农民独立承担损失也独立享受收益，就是独立承担风险。那么，如果地租收得低了，就等于把土地送给了农民，地主要喝西北风；如果地租收得高了，农民就必然面临"久赌必输"、死得更快的窘境。而对于地主和农民任意一方来说，如果你的对方必输，那么

① 这是一段简化的分析，实际上的博弈过程要复杂得多，有兴趣的读者请参考张五常的《佃农理论》一书。不过，这里所讲的原理和结论仍然是成立的。

他就不愿意来凑这个局，你的收益也就没了着落，这种规矩就必然落空。在产出不稳定的前提下，这个不高不低的地租应该是多少，是很难判定的。也许偶尔会有几个胆大的幸运儿敢于一试并获得成功，但是铁一样的长期事实会教育大家什么事该做，什么事不该做。①

因此，长期定额地租那种土地制度不会成为欧亚大陆各国的选择，"有福同享，有难同当"的分成，分散风险，才是欧亚大陆上唯一可能的普遍制度。

我们理解了欧亚大陆上的分成地租，回过头来，也就理解了英国的长期定额地租。

正是因为长期以来英格兰的农业生产都相当稳定，某一块土地上的粮食产出可以相当准确地预估出来，地主和农民才可以用最简单易行的"一口价""五十年不变"来说定粮食分配的规矩，这就是长期定额地租制的由来。正是因为这个规矩简单易行，不留争议，没有后遗症，实行起来成本最低，让地主和农民双方都省心省力不吃亏，它才能够成为英格兰普遍采用的制度。"信心比黄金更宝贵"，长期定额地租制不仅仅是让农民和地主双方省心省力，更对整个社会的运转产生了广泛深远的影响。

还记得乾隆皇帝那句话吗？

天下无不食米之人，米价既长，凡物价、夫工之类，莫不准此递加。

将乾隆皇帝说的这句话反过来运用，就是英格兰的情况。由于英格兰粮食产出的确定性，这里的粮食价格乃至一切社会产品与服务的价格都是稳定的。拿工资的雇工和佣工收入稳定，开支稳定，生存无忧，所以就有大批的农民以雇工和佣工的身份生活在英格兰乡村，他们其实就是前现代的产业工人。普遍的长期定额地租制度和普遍的雇工佣工现象，是同生共死的"哥俩好"，有你就有我。作为银行利息和产业工人这两种现代经济社会生活特征的前身，定额地租和雇工佣工在盎格鲁－撒克逊以来的中世纪英格兰就逐渐普遍化了。

"差之毫厘，谬以千里"，是稳定的粮食产出导致长期定额地租（如英国），还是不稳定的粮食产出导致短期分成地租（如法国等）？英国和欧亚大陆这种粮食产出特征的不同，以及由此而来的地租制度的不同，为英吉利海峡两侧的发展带来了长时段的倾向性差异。这种倾向性差异的尽头，就是现代社会与传统社会的分道扬镳。

现代的先声：从变态封建主义到营利性租地农场

图28　亨利二世画像

　　从贵族那里收取"盾牌钱"来代替让他们服军役，亨利二世（金雀花王朝的第一位君主）开创了"变态封建主义"，使得英格兰社会对于货币的古老信任再次浮出水面。

在不列颠岛上，粮食产出是稳定的，这意味着多一分投入，就多一分收获。所谓"信心比黄金还宝贵"，因此，改进农业生产方式与技术，增加资金投入，从而获得更多的收益，在英国是一种普遍的行为。无论是拥有大地产的领主，还是只有小地产的自耕农，各个阶层都积极投入到对农业进步的追求中来。在这样一个进步大潮中，有风险偏好的人，可以选择独立承担风险，谋求更多；有稳定偏好的人，可以选择规避风险，落袋为安。这两种选择各有利弊，但是可以互相配合、互相推动。

于是，在长期定额地租制的基础上，英国农业演化出了租地农场这种经营方式。租地农场主作为经营者，一方面向大地产拥有者租入土地，另一方面从小农中雇佣农工，这种特殊的、作为工业企业先导的经营方式大发展，成为英国农业革命的标志性特征。

农业生产并非流水线标准化，规模效益有限，因此，租地农场并不能像大工业排挤手工业那样，完全地排挤家庭农场。到19世纪中期，租地农场在英国达到了极盛，这一时期以家庭经营为主的小农场（100英亩以下）仍然占据农场总数的2/3，不过，以租地经营为主的中大型农场（100英亩以上）已经使用了70%～80%的土地，雇佣劳动力也占到了农业劳动力总量的80%左右。

虽然规模有大小，效益有参差，英国式的租地农场和英国式的家庭农场一样，它们所追求的，都是英国人所谓的农业"进步"，也就是所谓的"improvement"，它的含义是改进生产，以求盈利。

也就是说，英国农业的核心追求是**盈利（尽地利）**，而不是单位土地上的粮食产出（尽地力）。

长期定额地租制—租地农场—农业进步—获取盈利

在英国稳定和平的社会生活下，这个模式是自然形成的，因为他们不追求耕战，也就不需要急吼吼地把所有收获都变成人口，堆积在有限的土地上。不过，相比于家庭农场，租地农场这种经营方式对于盈利的追求是更加明确无误的。一个家庭农场或许可以为糊口而存在，而一个租地农场的产出远远超出了糊口的需求，它不盈利就一定会消失，因为经营规模扩大后，亏损起来也会难以承受。

作为现代工业企业的先声，租地农场的生产经营方式也和现代工业企业有相通之处，它和现代工业企业一样有盈有亏，不是每一个都能活下去。幸好，得益于英国高确定性的农业生产，以及随之而来的高确定性的物价和工资水平，这种扩大式的生产经营是有机会持续的，社会上总有它的生存空间，于是租地农场逐渐地发展起来。

理解了英国近代租地农场的产生和发展，也就理解了英国现代工业企业的由来。因此，接下来我们就以租地农场为焦点，来考察英国农业革命的历程。

　　为了更好地理解租地农场这种"英国特色"的由来，我们要从英国的"变态封建主义"讲起。

　　在历史上的诺曼征服时代，西欧大陆上实行的是典型封建主义，也就是领主分封土地，军事仆从以军事服役为代价而领有封地。当诺曼征服者进入不列颠岛时，他们在这座岛屿上一开始也实行典型封建主义的政策，分封了大大小小的贵族，我们前面谈到的和约翰王对抗的那些男爵，他们的祖上就是通过这种方式获得封地和贵族头衔的。

　　但是，英法两国的封建制度虽然同出一源，却很快走向了不同的道路。由于传统习俗的和风劲吹，在不列颠岛上，典型封建主义变得"水土不服"，逐渐衰败了。虽然典型封建主义这种制度在1066年诺曼征服后的第一个世纪中推行开来，但是很快地，在诺曼征服后的第二个世纪里，贵族们对国王的各种军事服役义务就开始被货币化的"盾牌钱"代替。到了诺曼征服后的第三个世纪，约翰王之孙——爱德华一世在位期间（1272—1307），封地换军役的制度已经崩溃。国王不再依赖贵族的军事服役，取而代之的，是国王用金钱去向贵族、自由民甚至是非自由民征募军队。

封土换军役制度 → 货币换军役制度

这就是英格兰在14—15世纪形成的"变态封建主义"①,这种封建主义的独特之处在于,施行这种制度的领主们,对自己的附庸、扈从所尽的义务支付工资作为酬劳,而不是授以封地。

典型封建主义(以授土换服役)→ 变态封建主义(以工资换服役)

历史学家对于变态封建主义的起源、范围和演变的解释产生了众多的分歧,而通过前文对于《大宪章》的分析,可以给予我们一个另类的视角,来解释变态封建主义这种"怪胎"为什么会出现。

和授予封土换取仆从们军事服役的典型封建主义比起来,变态封建主义等于是"用钱来购买服务",领主以工资换取仆从们的服役。这种制度非常灵活,服役者和受封者不必是同一个(批)人,因此从(军事)动员效率上来说,相对于典型封建主义是高出一筹的,这是它能够在不列颠岛上取代典型封建主义的优势所在。

需要强调的是,这种取代之所以能够成功,其根基在于领主以货币支付服役具有可行性,而这种可行性则依赖社会上币值的稳定。那么,不列颠岛上币值的稳定又是如何实现的呢?

一句话，币值稳定仍然建立在前文所述的英格兰社会生活成立的基础——粮食产出的确定性上。粮食产出确定性带来粮食价格确定性，进而造就了一切社会产品与服务的价格确定性，包括币值的稳定性！由此，以工资支付而非封土授予来换取服役，并且使服役者可以离开封土，以家内役代替军事役，才可能被广泛采用。

粮食产出确定性—粮食价格确定性—整个社会产品与服务价格确定性—币值稳定性—工资换服役的变态封建主义

从这个角度看，变态封建主义对于英国历史的意义就凸显出来。在诺曼征服再次带来外部影响之后，不列颠岛固有的社会生活特征再次以变态封建主义的形式呈现，作为"杂种"的封建主义，它却是"纯血"的英格兰传统，是独属于英格兰这块土地的现代社会的先声。

英格兰军事服役领域的变化，其实与我们重点强调的农业领域的变化如出一辙。

与前述军事服役领域的变化同一时期，由于中世纪暖期以来耕作条件改善，英格兰追随欧洲大陆，在农业制度和农业技术上有了重大改进。

在农业制度方面，英格兰的土地越来越多地采用了三轮制。在诺曼征服的时代，公元 11 世纪，二轮制耕作方式在英格兰仍然占优势。所谓二轮制，就是把耕地一分为二，轮流耕种和休耕，以保持地力，获得好的收成。诺曼征服之后，三轮制开始在英格兰大地上普及开来。简单地说，所谓三轮制，就是把耕地一分为三，一块春耕，一块秋耕，一块轮休。通常情况下，一块土地比如秋耕地在第一年种植冬小麦、裸麦，在第二年四五月份收获后改为春耕地，种植大麦、燕麦和豆类，收获后第三年转为休耕地，恢复地力。三块地轮换土地角色。到了13世纪末14世纪初，在英格兰，三轮制已经占有优势，虽然二轮制在14世纪仍然在很多地方与三轮制并存，甚至在某些地方保留到了18世纪。三轮制相比于二轮制，土地利用率上升，还更节省人力畜力。

在农业技术方面，西欧包括英格兰地区引进了东欧流行的重犁，使得土地的深耕成为可能，扩展了可用耕地的范围。在此之前，西欧农民一般使用木制的轻型犁，只能耕种松软的沙质土地。在13世纪，西欧很多地区已经普遍使用重犁。可是，重犁非常沉重，需要很大的牵引力才可以带动它开垦土地，一般需要几头牲畜组成犁队拉动。于是，人们首先想到使用力气大的马匹来拉犁，并改进役马的方法，在马脖子上系上十字形绳结，把挽具架到马肩上，给马足钉上马蹄铁，使马的牵引力增大了四五倍。此外，人们还发明了"牛马联套"的拉犁方法，以提高犁队的效率。

引进的重犁和牛马联套的耕作方法确实非常高效，但这也意味着土地的耕作制度要发生变化，以适应这些新技术。从犁队耕作的技术要求看，多头牲口组成的大型犁队必然转身困难，它们更适合长距离直线行进。于是在英格兰地区，敞田制度发展起来。这个制度的要点有三：首先是条田分割，把土地分成一条条长长的田地，利于犁队直线耕作；其次就是大规模的三轮制，不论领主的自营地还是佃户的承租地，都要听从统一安排，共同遵守轮作制度；再次是共同放牧，就是在地里的庄稼收获之后，拆除地边的篱笆，把残株地和休耕地变成"敞地"，任由各家牲口自由进入，大家共同放牧，获取收益。这种"敞田制"其实不是新事物，而是欧洲古老的农村公社制度的遗风，维系了一个村庄、庄园里人们的合作关系。

三轮制和重犁的推广，与典型封建主义军役制度的衰退相对应，在同一时期，英格兰地主农民之间逐步采用了货币的方式来交租，到了13世纪末14世纪初，货币地租已经在整个英格兰占据优势。与国王一样，各级贵族领主也不依赖于下级领主的军役，他们同样是一方面收取货币化的地租，另一方面用货币工资换取脱离土地的随扈长期跟随在自己身边，"家内服役"。

领主对外出租土地—收取货币化地租—转化成货币工资—向扈从购买各种服务

这一时期的地租货币化，也被称为劳役折算（sold work）。顾名思义，它主要是对农奴提供的劳役的折算，和农民领有的土地产出反而关联不深。英格兰农业生产的稳定性，使得物价稳定，社会安定而少纷争。领主作为秩序维持者，对于领地内贡赋的需求是有限的，就不需要那么过分地压榨农民，在遇到农民反抗剥削时，领主也容易妥协。农业生产改进后，农业剩余提高了，新增剩余在农民和领主之间分享，农民按劳役折算向领主缴纳地租，保留的剩余还有所增加，农民当然乐于接受劳役折算或者货币地租的形式。同时，领主把原来由无偿劳役耕作的保留地租出去，租地者多劳多得，更有积极性努力耕种，"不待扬鞭自奋蹄"，这就让领主节约了直接监管农民劳动的管理组织成本，所榨取的剩余总额也有所提高，领主也很满意。

总之，劳役折算的方式让领主和农民各有所得，皆大欢喜。

于是，劳役折算方式的地租货币化就成为英格兰领主与农民之间分享农业进步成果的最优形式，从而盛行起来；相应地，旧的以劳役为核心的农奴制度就逐渐解体了。这一切与国王和他的封臣之间所发生的变化类似，国王手下的大贵族，就是他的总佃户，所谓"tenants-in-chief"，把他们应尽的义务——军役——折算成"盾牌钱"上缴给国王，这和农奴劳役的货币折算是同样的道理。

剩余的增加，货币化的普及，这一切都有利于商品经济的发展，英格兰的农业进步就自然导向了商品经济的进步。

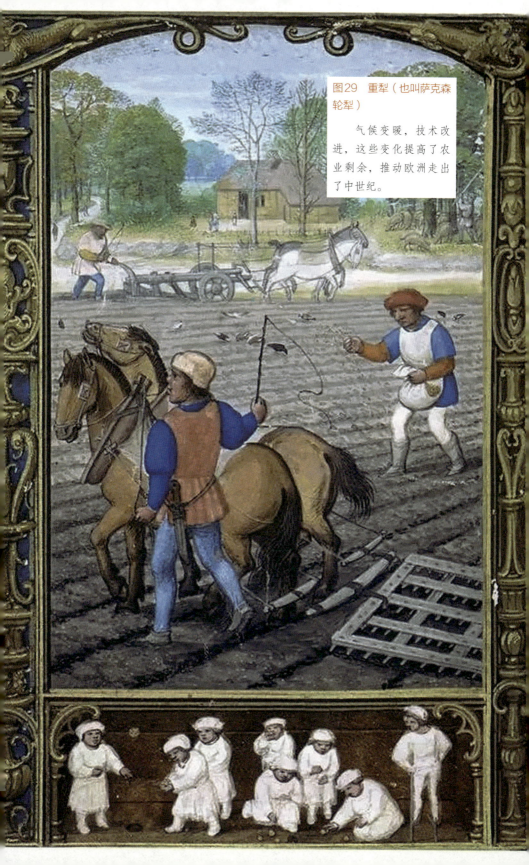

图29 重犁（也叫萨克森轮犁）

气候变暖，技术改进，这些变化提高了农业剩余，推动欧洲走出了中世纪。

在这种稳定生产所决定的安定社会中，货币是可以信赖之物，"饥可购食，寒可买衣"，于是各种封建义务都可以用货币折算。与这种变态封建主义相一致，国王、贵族和农民之间虽然时有冲突，但是总的来说，在一个安定社会当中，各阶层之间的信任度颇高，彼此之间的冲突烈度要远远小于以法国为代表的欧亚大陆各国。在农奴制解体的过程中，英格兰这种不同于欧亚大陆的、低烈度冲突的社会环境，带来了特别的长期后果。

受益于稳定生产所带来的和平的社会环境，英国农奴制解体的过程是较为平稳、和谐的。在这个过程中，农奴摆脱了对于领主的人身依附，大部分成为"公簿持有农"和"契约持有农"，法律身份已经和自由人相同，只是并没有获得土地的所有权，他们是佃农而不是自耕农。相应地，领主不再拥有对农奴的人身权利，但是领主并没有失去土地所有权，仍然是大地产的所有者。

理论上，贵族拥有许多大地产，这就为租地农场的出现创造了条件。因为大地产所有人可以在市场化的竞争条件下，剥夺小农户的租佃土地，将土地划分成中大型的农场，交给那些出价比较高的租地农场主，由租地农场主去组织农场上的生产，从而创造出数量众多的使用雇佣劳动的租地农场——可以被称为农业企业的新事物。

进一步说，租地农场主这种大规模经营农田的模式，天然地会挤压小农户租种土地的模式，使很多小农户失去以农业为生的机会，进而引发社会大动荡。在古代中国，土地兼并造成大批农民流离失所的案例屡见不鲜，但是在英格兰，情况大不相同。

在英格兰这样一个和平的社会环境中，不论是王室还是各个贵族庄园，盛行的都是传统习俗，对于那些公簿持有农和契约持有农做出了相当大的保护，使他们对租佃土地的占有相当稳固。这当然会延缓中大型租地农场的发展，但是与此同时，稳定的自然环境与和平的社会生活，对农业生产产生了持续的推动作用。随着英格兰农业生产率的持续提高，有了更为稳定充足的粮食剩余，粮食能够稳定地保持相对低价。农业和非农业领域都有稳妥可靠的经营之道，于是，租地农场逐渐出现了，并且，一部分小农户敢于离开土地，参与到社会分工当中，去做农场雇工，甚至是离开农业，做手工业或贸易赚钱。农业进步与非农业领域的发展互相推动，分工持续演进，成就了国内市场与国际贸易的共同繁荣。

1497年，一个威尼斯人、驻英大使撰写了一份报告，写下了他对英格兰的印象。当时的威尼斯也是欧洲著名城市、财富的聚集地之一，但这位大使还是被英格兰的财富震撼了，"英格兰之富裕，欧洲任何一国都不能望其项背"。他认为英格兰的富裕应当归功于"土壤的极度肥沃""贵金属锡的销售"和"羊毛的非凡丰产"；而且财富分配相对平均，"小客栈的主人无论多么贫贱，没有不用银碟银杯上餐的。没有一个人不在家中备有银盘银碟，总价至少为100磅⋯⋯不备此物的人被视为无名鼠辈"。同时他也指出，货币和贸易遍及英格兰全境，"普通百姓要么投身于贸易，要么投身于渔业，要么从事航运业。他们孜孜从商，甚至不惜立契借高利贷"。

万民经商，甚至借高利贷，这样的普遍现象明白地告诉我们，当时的英格兰已经有很多人离开农业改行经商，而且由于粮食价格、货币币值稳定，等于是大大降低了商业经营中的风险，因此他们才敢于冒险经商，不怕失败，因为失败的可能性已经大大降低了。

对于英格兰的农民来说，能够养活自己的机会很多，因此失去租佃土地，也不再意味着致命的生存危机；而对于英格兰的领主来说，土地产出的价值升高，而延续下来的习惯地租费率较低，自己的利益受损了，因此废除旧的习惯地租也越来越有诱惑力。在没有遭遇强烈反抗的情况下，公簿持有农和契约持有农对租佃土地的占有所受到的保护逐渐削弱，随着时间的推移，竞争性地租逐步代替了习惯地租，占农场大多数的家庭农场的规模也在逐渐扩大。特别是在领主的推动下，通过议会支持的圈地运动，大批土地的租金由市场化竞争产生，众多小农户失去了租地，使得规模超越家庭农场的中大型租地农场在18—19世纪获得了进一步的发展。

习惯地租 → 竞争性地租

家庭农场 → 租地农场

以议会圈地最为密集的地区之一英国米德兰南部为例，

英国经济史学家罗伯特·艾伦（Robert C. Allen，1906—1998）统计了1790年该地区的690个村庄当中面积在10英亩以上的农场。在庄园土地上建立的农场中，100英亩以上的中大型农场占据了农场总数的60%、农场总面积的91%；300英亩以上的大型农场占据了农场总数的19%、农场总面积的52%；而在非庄园土地上建立的农场当中，100英亩以上的中大型农场占据了农场总数的27%、农场总面积的66%；300英亩以上的大型农场占据了农场总数的3.5%、农场总面积的18.4%。从这些数据中可以看出，庄园上的大地产对于租地农场的推动作用是显著的。

另外，从上面这个统计中还可以看出，非庄园地产上的中大型租地农场虽然较少，但仍然是相当可观的。这也同样得益于生产稳定、物价稳定的安定社会，因为在这种环境下，农场产权估价比较一致，便于讨价还价，于是人们调整土地的产权关系，建造中大型农场也相对容易。因此，非庄园土地大部分为小地产这一状况，并未构成建造中大型租地农场的绝对障碍。

随着英国农业的不断进步，生产率不断提高，为非农业人口提供的粮食也越来越多，而且价格稳定，越来越多的人离开土地，成为专职的雇佣劳动者。租地农场这种企业化的经营方式在各种手工业生产中也推广开来，埋下了工业革命的种子。此后，随着工业革命的展开，大生产企业逐步成长，使英国率先走进了现代世界。

租地农场经营方式—各种手工业经营方式—大生产企业成长—英国走向现代世界

以上就是英格兰的发展轨迹。而在海峡对岸的法国，情况又如何呢？

第三节

法兰西之殇：从封建主义到糊口式小农户

图30　大革命前夕的法国小农写照

　　不稳定的农业生产阻碍了工商业的繁荣，而工商业税收的匮乏，使得所有的赋税最终都压在了农民身上。激烈的社会对抗由此孕育，成为大革命的根本动因。

诺曼征服是一次法国封建主跨海征服不列颠岛的战争，因此，英格兰的封建制与法国为代表的欧洲大陆的封建制同根同源。此后，有着浓厚欧陆色彩的农奴制度在英格兰土崩瓦解，那么这种制度在其起源地法国的命运又如何呢？法兰西是否踏上了和英格兰相似的金光大道呢？

并不是，在以法国为代表的欧亚大陆上，农奴制解体的过程是极为不同的。

自中世纪末期以来，法国的农奴制和英国一样，也处在一个长期的解体过程中。9—12世纪，农业劳役逐渐消失，领主把原来由农奴用劳役耕作的那部分土地，也就是领地，分割成小块，交给自己的农奴或者外来人去耕作；相应地，劳役就由货币地租——但是更常见的是实物地租——尤其是分成地租取而代之。货币地租在法国不像在英国那样占据主要地位，道理很简单，那是因为不稳定的农业生产造成了不稳定的物价，人们对于货币的信心不像在英国那样坚定。

对于法国、意大利和西班牙这些继承了古代罗马的国家来说，对货币地租缺乏信任、对实物分成地租非常依赖并不新鲜，这其实有着一个非常古老的渊源。实物分成地租在古罗马的时代就已经存在，在幸存的罗马法律和历史文献中，都可以找到关于它的记载。追根溯源，中世纪的农奴制度，正是在农业衰退造成罗马帝国崩溃这个大的历史背景下，欧洲普遍战乱且需要在生产力低下的状况下更多地动员军队而形成的。

从"粮舵"的视角出发，欧洲大陆上这种历史的变迁和延续，其根源是欧洲大陆农业生产的气候和地缘特点。

欧洲大陆从面积上看是一个足以和古代中国比拟的巨无霸，而从气候分区来看，西部沿海有一道狭长的区域属于温带海洋性气候，与不列颠岛是同样的类型，包含了今天的法国西部、西班牙北部、荷兰、比利时、丹麦、德国北部、挪威和瑞典南部；整个欧洲大陆的中部和东部属于温带大陆性气候，大概占据了欧洲大陆面积的三分之二，夏季温和多雨，冬季寒冷干燥；欧洲大陆的南部沿海属于地中海气候，夏季炎热少雨，冬季温和多雨，气候还算差强人意，可惜这里地处板块交界处，是欧洲火山爆发和地震的高发区，甚至还有海啸的侵袭；大陆的最北部还有一条寒冷的极地气候区。此外，以阿尔卑斯山、比利牛斯山为代表的高山气候也有所分布。由于为数不多的高山主要分布于南欧，广大的欧洲北部和中部以平原地貌为主，并没有高大的山脉作为屏障，因此容易受到来自北冰洋的寒流的侵袭。

从整体上看，除了西部沿海农业生产相对稳定，欧洲大陆绝大部分区域的农业生产并不稳定。

从地缘角度看，欧洲大陆的不稳定性就更为突出。与不列颠岛孤悬海外、遗世独立不同，欧洲大陆与巨大的亚洲大陆连通，两者的分界线乌拉尔山、乌拉尔河并非很强的地理阻隔，古代人群可以轻松穿越来去。所以，欧洲大陆历史上战乱不断，入侵者纷至沓来，赫赫有名者如来自东方草原、沉重打击了罗马帝国的匈人，来自西亚沙漠、屡屡威胁拜占庭帝国的阿拉伯人，以及来自小亚细亚半岛、给神圣罗马帝国极大威胁的奥斯曼土耳其人，等等。即使在欧洲大陆内部，也由于政权林立而纷争不断，战争连绵不绝。就算是法国这样一个面对大西洋的国家，和英国也爆发过旷日持久的"百年战争"①。（需要注意，百年战争的主战场在欧洲大陆。）

① 指英、法两国在1337年至1453年的百余年间断续进行的战争。圣女贞德率领法军抗击英军就发生在这一时期，使法兰西转败为胜。百年战争使法国本土遭受严重的损失。

话说回来，在古罗马时代，气候适宜，特别是在公元前200年至公元150年，气候温暖湿润，被称为"罗马温暖期"。阿尔卑斯山的冰川面积不断缩小，就是当时气温升高的证据。山脉上的树木年轮也表明，公元1世纪前后是当地古代的最高温时代，这个纪录一直到20世纪全球变暖才被打破。那个时候，古罗马农田的单位产量增加，耕地面积扩大。当时的著名学者老普林尼在讨论意大利小麦的优良品质时，提到山区也种植了小麦。这个时期相当于古代中国的秦朝到东汉中期。

在这段时间里，罗马依靠强大的军力在国境内维持了数百年的和平，农业生产不被干扰，粮食供应有了宏观保障。又由于微观上的农业收成不稳定，分成地租就成为当时普遍的农业制度。后来，气候变化使得罗马农业衰退，农业剩余大幅度下跌，粮食供应的宏观保障不复存在，帝国在一片混乱之中崩溃。寒冷气候下的农业剩余降低了，新的统治者需要加强榨取，才能勉强支撑自己的统治，这样，领主所要榨取的地租就会占去农民劳动成果的极大份额，归属农民的份额很少。攫取是很沉重的，农民根本不会心甘情愿，领主如果采纳实物地租，他们就会想方设法用隐产瞒报等各种手段来逃避，领主就会陷入与农民斗智斗勇的泥淖中去，收取地租就会遭遇极大的困难。要为每一小块土地上的每一粒粮食和农民争斗，那代价就太高了。而生产力水平低下的农业也不会产生多少剩余，商品经济无从发达，向农民索取货币地租就更不可能。那怎么办呢？

在这种情况下，要想维系统治，领主只能采用变通的办法，也就是以劳役地租来压榨农民。具体来说，就是划出一块土地作为领地，让农民来耕作，土地上的收获归领主，而其余的土地则交给农民作为份地，自给自足。让农民多服劳役，虽然要支付劳动组织方面的管理费用，也就是监督和管理农民在领地上耕作的成本，但是不必为每一小块土地上的产出去和农民斤斤计较，比起实物地租和货币地租的方式，成本还是要低。两害相权取其轻，总的算下来劳役地租对于领主们还是更合算的办法。也就是说，农奴制之所以采用劳役作为地租，而不采用实物或者货币作为地租，是因为在生产力水平低下的时代，领主向农民榨取劳役地租是最容易操作的，或者按照经济学的说法就是"交易费用最低"的办法。这就是以法国为代表的很多欧陆国家农奴制的大体情况分析。

于是，领主统治下的农奴制就在罗马帝国解体后的欧洲大陆盛行起来。

从社会变迁的角度来说，在这种农业衰退的时代，农奴制本身的形成，根据当地粮食产出的确定性不同而有所不同。

不列颠岛上粮食产出稳定，盎格鲁−撒克逊人的社会本身比较安定，内部并没有太强烈的冲突，最大的外敌是定居的丹麦入侵者，但是定居在丹法区（即不列颠岛上施行丹麦法律和惯例的地区）的丹麦人和盎格鲁−撒克逊人一样，生活也相对安定。对双方而言，提高动员水平的需求都相当有限，搞封建制度的需求不是非常迫切，在这种社会状况下，对农民的压迫有限，农民本身分化也有限，农民迫于生存压力主动投身于封建主寻求庇护的史料几乎没有。可以说，不列颠岛上的封建制度是一种来自国王的、自上而下的"王命封建"。因此，以强化压迫的劳役为标志的农奴制在不列颠岛上发展缓慢，迟至诺曼征服之后才成形（然后又迅速瓦解了）。而在欧洲大陆上，由于社会动乱更加严重，农民向封建主委身托庇的记载是很多的（失去自由好过失去生命），欧陆的封建制度更大程度上是自下而上的"自发封建"，以劳役为标志的农奴制发展迅速。

从农业经济的角度来说，农奴制既可以等同于定额地租，也可以等同于分成地租。在英国，粮食产出稳定，领地和份地的份额，就粗略地确定了领主所能收获的实物，它就等同于定额地租的变形。而在法国，粮食产出不稳定，领地和份地的比例，就粗略地确定了领主所能收获的实物

图31　法国庄园农奴耕作陶画

相比于罗马小农的沦落为农奴，法国农奴的解放是一个反向而同质的过程，它无力推动法国走出古典国家的宿命。

比例，它就等同于分成地租的变形。

中世纪暖期到来之后，三轮制和重犁逐步推广，农业剩余增加了，领主们对农奴们的榨取强度有所降低，以减少管理和镇压的开支。然而，同样的农奴制，在英法两国，就由于它们不同的历史渊源，而走上了不同的道路。

在英国，它继承了盎格鲁-撒克逊时代那种长期租约和货币税收的特征，以定额货币地租为基础的变态封建主义从一个古老的根源上生长起来。在法国，它使实物分成地租从古罗马的遗产中复活，推动了法国走向一种罗马式城市生活与商业经济的复兴。

英国：定额货币地租

法国：实物分成地租

分成地租这种有别于英格兰的地租特征，使以法国为代表的欧亚大陆上的经济社会道路与英格兰分岔了。这种分岔具体的根源是什么呢？

——农业生产的不确定性！

分成地租意味着农业生产乃至物价的不确定。在欧洲大陆，和周秦制度下的中国类似，农民的生存被收成的不确定威胁，经由物价的传导，社会中的每一个人的生存都同样地受到这种不确定性的威胁。由此，这种不确定性普遍地激发了领主与农民之间、国王与臣民之间的冲突，使得社会中各阶层之间的关系，所有人与人之间的关系，都沾染上更多的暴力性质。生活在这种暴力普遍化的社会当中，国王和领主能够给予臣民们的救济是有限的，因为领主和国王本人也是这种暴力冲突的当事人和受害者，面对普遍化的暴力，他们既没有普遍救济的能力，也没有普遍救济的意志。其结果就是，为了生存下去，每一个人都必须自力救济，必须以暴制暴；每一个人都有把生存资料转化为暴力手段的迫切需求。这就使得整个社会生活被捆绑到"耕战"这个古老的主题上来。关于罗马国家，有一种古老的说法，"每一个罗马公民都既是农夫也是战士"，这句话对比《商君书》中的那句"国之所以兴者，农战也"，正表现了"耕战"这个主题在欧亚大陆上的古老与普遍。

欧陆的情况与遥远的东方类似。一方面，物价的不稳定使人们经营农产品获利非常困难，正如我们前面讲过的，这是一个"久赌必输"的局面，因此不能像英格兰租地农场那样，以一种扩大化生产的方式经营农业。所以在当时的法国，即使有人发财致富了，他们也更愿意收购土地，分成小块出租给农民，而不是集中起来搞扩大化的生产经营，这就导致在法国，租地农场发展缓慢，农业规模生产水平低下。另一方面，更具暴力性的社会关系使法国的农民们不是致力于经营赚钱，而是致力于多生孩子，因为人多力量大，能够在暴力争斗中占据优势。

这样一来，法国的农业就以家庭农场为主体，缺少租地农场这种企业式经营的农场，而家庭农场也更愿意使用能够作为打架帮手的自家人。可是问题来了——不断增加的人口很难在农业领域中找到工作，同时，不稳定的物价又使得脱离农业生产的人口难以获得生活保障，因为他们需要购买粮食才能维持生存，而粮食价格不稳定又给他们的生存带来了巨大的威胁。于是在法国，不管是农业生产还是非农业生产，都不能创造出众多的工作岗位来安置脱离土地的无产者，让他们求得生存。新增加的人口既然很难找到工作，也就不能不依赖于土地，不能不自己种田讨生活。这就必须不断地分割有限的土地，来安置日渐增加的人口。

粮食产出不确定—物价不稳定—分成地租流行—家庭农场盛行—生育更多的人口—找不到工作—分割有限的土地，安置更多的人口

这就是当时法国真实的历史进程。随着农奴制的崩溃、分成地租的日益扩张，法国并没有像英国那样出现众多的企业式经营的租地农场，培育出租地农场主式的富裕阶层；即使同为家庭农场，也与英国家庭农场的规模不断扩大相反，法国家庭农场的规模在不断缩小。从16世纪到18世纪，以家庭农场为主体的英国农场平均规模从30多英亩上升到了70多英亩；① 而与此同时，到了18世纪末的大革命时代，法国家庭农场的规模已经缩小到了10英亩以下，加上耕作粗糙，已经不足以维持一家四口的生活，农民必须外出打短工来补贴家用。一方面，由于打工收入不稳定，他们不能离开土地纯粹靠打工生活；另一方面，土地太少，他们又不能专心耕作来养活自己。家庭农场在规模不断缩小的同时，数量又在不断增多，法国农业就成为和古代中国类似的小农业生产体系。

当时的人们已经注意到了英国农民和法国农民在生活上的明显差别。15世纪英格兰有一位名叫福蒂斯丘的大法官，他曾伴随年轻的国王亨利六世流亡法国。在十年流亡期间，他写了一本书，对法国和英格兰的政治制度进行对比。他发现，在法国，"种种祸患（军队的掠夺、盐税之类的苛捐杂税等等）纷至沓来，人民饱受蹂躏和压迫，生活苦不堪言，每天喝白水，只有在隆重的宴席上，下等人才能尝到别种饮料。他们的短裤是麻制的，无异于麻袋。从未穿过羊毛面料，除非是极其粗劣的，而且只穿在所谓的上衣里面作为内衣。更不穿什么短袜，膝盖以下的腿部完全裸露。妇女赤足行走，只有逢圣日才会穿鞋。无论男女都吃不上鲜肉，只能将少许猪油或咸肉放入粥汤之中，借以见点荤腥。至于烤肉或烩肉，则完全无缘品尝，只有在屠宰牲畜以飨贵人和商贾时，才能偶尔分到一点羊头牛脑或下水"。

和糟糕的法国相比，英格兰乡村农民的地位如在天上。那里没有横征暴敛，军队不能宿民宅，国家也不征收国内税，因此"王国的每一个居民可以随意享用自己的土产或畜产，享用自己劳动所获的利润和商品，享用雇佣劳力带来的水陆收益"。

如果觉得福蒂斯丘是英格兰人，可能会抬高英格兰而贬低法国，那么我们还可以看看其他国家的人对于两国的对比。16世纪末期，一位来自德国布莱登堡的法学家保罗·亨茨纳（Paul Hentzner，1558—1623）访问英格兰，他不由得赞叹："大地上硕果累累，牛羊成群，这使当地居民养成了饱食终日、不事农耕的习惯，以致三分之一的土地未经耕作，仅用于放牧。"山坡上徜徉着一群群的绵羊，他认为那是名副其实的金羊毛，构成了当地居民的主体财富，商贾将大把金钱带到岛上来，主要就是为了交易这项货物。和法国的下等人相比，英格兰居民消费面包较少，消费肉食更多，而且喜欢在饮料中加很多糖。更有甚者，"他们的床上铺着花毯，即使农夫也不例外。……他们的房屋一般是两层楼……装有玻璃窗户的房屋在这里屡见不鲜"。

即使法国的农业物产并不贫乏，甚至可能比英国还更富饶，法国的农业技术并不比英国落后，甚至起点可能比英国还高，却没有实现英国农业那种规模化生产的可能。最终，法国农业没有走向英国租地农场那种以盈利为核心的企业化经营，成为工业革命的先导，而是像古代东方国家那样，走向了糊口式小农业经营。农业生产效率低，为工商业生产提供的粮食供应不足，粮食供应不足强化了粮食价格的不稳定，粮食价格的不稳定进一步阻碍了工商业经济的发展，低下的工商业经济也不能反过来激励农业生产。这样一种糟糕的经济社会状况，就成为以法国大革命为代表的一系列社会动乱的先导。

第四节

圈地运动的产权真相

CANON'S YEOMAN.
Ellesmere MS. of Canterbury Tales.

图32 《坎伯雷故事集》中英格兰富裕农民（yeoman）的形象

　　稳定的农业生产造就工商业的繁荣，农民能够从土地经营中获利，而国家征收的赋税又主要由工商业活动承担，英格兰农民由此幸免于贫苦。

谈起英格兰以及英国从近代开始的农业腾飞，圈地运动是一个不能也不应回避的事件。这一事件从15世纪后期开始，一直延续到19世纪，使英国的农用土地发生了巨大的改变。而围绕圈地运动及其后果的经济解释，却远不像圈地运动的历史那样简单清晰。当我们用"粮舵"的视角去看待圈地运动时，有完全不同的一种解释。准确认识了圈地运动的逻辑与意义，我们也就准确认识了现代世界的由来。

让我们从关于圈地运动的一个寓言开始吧。

1833年，英国人威廉·福斯特·洛伊德（William Forster Lloyd，1795—1852）创作了一个关于公共牧场的寓言。1968年，美国生态学家加勒特·哈丁（Garrett Hardin，1915—2003）对这个寓言做了发挥，写成了一篇名为《公地的悲剧》（*The Tragedy of the Commons*）的论文，产生了广泛的影响。

哈丁的论文要旨是这样的："有一片公共牧场，每个人都可以在里面自由放牧。理性的牧人只有一个选择：多养一头牛，再多养一头……但是，这也是分享这片公共牧场的每一个牧人都会做出的选择——悲剧因此而起。在一个信奉公地自由的社会里，每个人都追求本人的最大利益，而整体会走向毁灭的终点。公地自由带来整体毁灭。"

有一个经济学界流行的神话，将英国圈地运动和公地悲剧的寓言附会在一起，并且用新制度经济学的产权学说加以解释，认为圈地运动的历史功绩，就是把过去"庄园公地"（common land）上为多人共同拥有的公共产权分割给个人，成为个人产权。在这个私有化的过程中，原来模糊不清的产权变得清晰了。而产权清晰能够降低交易费用，进而优化资源配置，推动经济发展，英国的现代化即由此发端。

把公地悲剧的概念用于15世纪的英格兰，似乎是合情合理的。我们前面提到，农田三轮制的施行中有一个重要的制度就是"敞田制"，在中世纪的英格兰，草地、森林、沼泽等都属于公共用地，谁都可以使用。耕地虽然是有领主的，但是按照当时的习俗，在收割完庄稼后，领主也要把栅栏拆除，敞开耕地作为公共牧场，任由他人来放牧。按照公地悲剧的逻辑，大家尽力多养牛，狂薅公共用地里的牧草，这就造成了耕地和其他公共用地的退化。长此以往，不列颠岛将变成沙漠！

就在此时，圈地运动降临了。当时英格兰对外贸易开始发展，做贸易就得拿出别人想要的货。绵羊是中世纪英格兰最常见的一种被驯化的动物，从中世纪开始，未加工的羊毛就是英格兰的主要出口产品，成为英格兰财富的支柱。在11世纪末，绵羊的数量占了英格兰家畜总量的75%，直到13世纪初，这个数字几乎没有特别大的变化。

而到了16世纪，半成品的纺织品成为英格兰主要的出口货物。1600年，羊毛和精纺毛织品占英格兰总出口货物的三分之二。纺织业贸易蓬勃发展，未加工的羊毛被纺成纱、线，织成布料，漂洗（即浸泡、清洁、拍打用以清除天然油脂及灰尘，并将其粘接起来）以及染色，加工制成完整的产品就可以在市场上售卖。

养羊有利可图，但是羊多草地少，一些地方贵族为了自己的羊群有草吃，开始用围栏将公共用地圈起来据为已有，禁止其他人在圈起来的地里放羊。著名的圈地运动开始了。一开始这些有权有势的人圈的是公共草场，等到公共草场被瓜分完毕后，贵族们开始利用各种手段，将一些农民从他们自己的土地上赶走，把土地变成私人牧场。大批农民和牧民在圈地运动中失去了对土地的所有权。由于大批民众流离失所，生活窘迫，一些有良心的学者怒称，圈地运动是"羊吃人"。然而，正因为圈地运动确立了私人产权，当英格兰的土地被圈起来由公地变成私人领地的时候，土地拥有者对土地的管理更高效了。既然土地是自家的，为了自己的长远利益，土地所有者会尽量保持草场的质量，不会过度放牧。土地兼并后，原来一家一户的生产方式演变为大规模的生产方式，劳动效率大大提高。由于大片土地归农场主所有，他们更愿意尝试新技术和新作物。他们在土地上更多地使用肥料，种植苜蓿等产氮植物；更多地使用块根作物做冬季饲料，从而使更多的牲畜能够平安越冬；进一步增加畜力的使用，引进更多风车和水车，英格兰的农业越来越"机械化";实行农田轮作新法,避免了三分之一的土地被迫闲置;改善农作物的运输和储存;开展动物育种实验,改良了猪、牛、羊、马的品种。这一切都推动了英国的经济繁荣。

以上就是关于圈地运动的流行叙事:它推动私有产权的建立,让不列颠岛避免了公地悲剧。从1833年算起,这个似是而非的历史解释流传广远。尽管它的早期形式并不用新制度经济学的术语来表达,但是对私有产权的崇拜是一脉相承的。私有产权和公有产权在这种叙事当中被对立起来,前者代表着历史的新方向,残酷却生机勃勃;后者只是历史的遗迹,温情却注定衰亡。

这种叙事的影响力巨大,在中国历史的研究中也发挥着作用。研究者曾经花很多精力去讨论中国历史上的土地所有权究竟是公有的还是私有的。根据历史记载,从远远早于西欧的时代起,中国的土地所有权就开始私有化了。但是,私有化的土地所有权,却没有像西欧那样导向现代化。这样一来,历史材料就与叙事逻辑出现了矛盾。那么,问题出在哪里呢?

为私有产权神话蒙蔽,有些研究者就倾向于认为中国的土地所有权不是"真正的"私有,所谓"溥天之下,莫非王土",既然是王土,那就是王有、国有。传统中国农民当中的自耕农都是"国家佃农",自然也就不拥有"真正的"土地所有权,而所有兼并者的土地也还是王土,因此本质上不受法律保护。在这种解释下,传统中国的土地私有权就被消解了。但是，中国历史中关于土地买卖的材料也很古老、很充分，既然土地可以买卖，那么传统中国的土地性质是私有的，也可以讲得通。

不同的解读倾向导致众说纷纭，在土地公有（国有）与土地私有的两极之间摇摆，造成了极大的混乱。

事实上，这种把私有土地解释为实质性国有的逻辑，对于西欧国家也能成立。主权是最高所有权，即使是英国的土地，它的最高所有权也属于英国国王，所以"溥天之下，莫非王土"对于英国一样成立。拥有自由土地的英国自耕农也要向国家纳税，他们不依附于贵族，但是依附于国王，把这种赋税理解为一种货币化地租也未尝不可，把他们理解为国家佃农也同样成立。由于最高所有权属于国王，英国贵族或教会对土地的所有权也不是绝对的，同样有被剥夺的可能。查查英国历史，贵族或教士丧失土地的记载比比皆是。按照这个逻辑，东方和西方在土地所有权上没有本质区别。

看来，囿于公私对立的土地所有权分析，并不能解释东西方社会之间的差异。

进一步说，现代化和私有化是一致的吗？也不是的。

圈地运动中的私有化，造成了更加清晰的产权，推动了资源的优化配置，进而推动了现代经济，这个神话听起来言之有据。但是，现代经济的典型特征是什么呢？是大生产，而大生产的承载者是现代企业，它的典型形态是股份制，可能是多个人甚至千千万万人共有产权，它的成长

图33 华尔街股票交易市场

产权清晰不等于私有化。股票集资作为私有化的一种逆向操作，是现代经济的重要标志。

过程是"逆私有化"的，而不是"私有化"的。如果说私有化推动了现代经济，而现代经济又推动了逆私有化，这样一个负反馈逻辑，只会让我们在"私有化推动产权清晰"这一叙事逻辑面前感到更加困惑，难道产权清晰的最终益处是带来了更多的产权模糊吗？

因此，囿于公私对立的土地所有权分析，同样不能解释传统社会与现代社会之间的差异。

要解决这些困难，唯一的出路就是抛弃这种神话叙事，澄清产权清晰的真义。首先要明确一点，**产权清晰不是私有化。**

因为从逻辑上讲，你任何时候都不可能得到"绝对的"私有权。主权是最高所有权，即使你能够把私有化推向极致，拥有了罗马法意义上的所谓"绝对所有权"，从根本上说，这个所有权仍然是你和主权，也就是和主权所代表的全社会共同拥有。只要你还是社会的一分子，只要你的所有权还存在，那么它根本上就还是一种"共同所有权"。也就是说，任何一种所谓的"私有权"，本质上仍然是一种"共有权"。如果以共同所有者的多少来界定产权是否清晰，那么无论产权是你一个人所有，还是多人共有，在主权所代表的全社会面前，这一人数都可以忽略不计。如果减少共同拥有人就是产权清晰，那么任何产权永远也不可能清晰。因此，在公私对立的视角下讨论产权清晰，是没有意义的。

那么，产权清晰究竟应该做何理解呢？产权清晰的真义，是产权的价格确定！

如果产权的价格是一个毫无疑义的共识，那么一旦出现了新的资源配置方式，让它有机会产生更高的经济效益，就可以方便地通过产权交易改变它的所有者，从而把它投入新的、更有效率的资源配置方式中去。

这实质上就是对科斯定理的再解释。关于科斯定理，有多种理解，一种来自张五常的比较通行的说法就是：只要产权是清晰地界定（产权清晰），并且交易费用为零，那么无论谁拥有产权（无论产权界定给谁），资源的运用都将相同（市场运作的最终结果都是有效率的，也就是资源配置达到帕累托最优）。

在这里要指出的是，张五常对科斯定理的表述是有歧义的："产权是清晰地界定"和"交易费用为零"这两个前置条件并列，使得它们被当成了不同的事物。对于把产权清晰（界定）当成私有化的误解，张五常的这种表述提供了一种推动。

因此，我们对产权清晰重新做出解释：产权清晰（明确界定）和交易费用为零或者很小，其实是同义反复，它们其实就是价格确定性高的一体两面。也就是说，如果任何潜在的交易者对于产权价格都没有异议或者异议很小，那么——或者有争议它究竟是谁的，就可以方便地通过裁决（法律交易）去明确界定它归属于谁；或者已经明确知道它在谁的手里，就可以方便地通过买卖（市场交易）去重新界定它归属于谁。换句话说，价格确定性高就意味着交易费用为零或很小，交易费用为零或很小就意味着产权可以很容易地通过裁决界定，或者很容易地通过买卖重新界定，这种界定行为本身也是资源配置优化行为。

也就是说，产权清晰是产权被明确界定归属于谁的潜能，而不是被明确界定归属于谁的形式。[①]

那么，什么情况下产权价格确定性会比较高，也就是产权清晰呢？

还是让我们回到乾隆皇帝的名言上，"天下无不食米之人，米价既长，凡物价、夫工之类，莫不准此递加"。粮食价格是一切社会产品和服务的价格基准，如果粮食产出不确定，粮食价格就不确定，那么一切社会产品和服务的价格就不能确定。关于这一切产品和服务的交易，就会因为潜在的交易者难以就它们的价格达成共识而遭遇障碍，由

① 让我们来澄清交易费用的真义：交易费用对应于重复博弈中收益矩阵的变化。在现实世界中，它的主要根源就是特定地域上的粮食产出波动。

此，这个社会中的一切产权就都是不清晰的。

所以，产权是否清晰，是由一个社会的粮食产出确定性决定的，这是该社会中所有产权共有的一个基准性质。脱离了社会环境，去单独讨论某个产权是否清晰，是一叶障目而不见泰山的迷失。

粮食价格不确定—社会产品和服务价格不确定—产权不清晰（难以界定）

粮食价格确定—社会产品和服务价格确定—产权清晰（容易界定）

在这个解释下，再来看英国历史和中国历史上的某些特殊问题，迷惑就迎刃而解了。

英国圈地运动中的所谓公地（common land），在庄园习惯法的管辖之下，并不是可以任意使用的，违反习惯法的行为会在庄园法庭上受到制裁。在圈地运动出现前，公地制度好端端地运行了几百年，其实并没有产生什么滥用而导致的公地悲剧。英格兰的森林覆盖率的确下降了，那是人们砍伐木材、开辟更多农田造成的，与对土地的过度使用无关。当时英格兰的自然环境如果有恶化，也主要是砍伐了很多森林造成的，而非因为农田和公共土地的过度使用。

圈地运动的兴起，并不是因为有什么公地悲剧需要克服，当时的农场主和广大农民没有当代人的环保主义思维，而是由于生产的发展、农业的进步，使得公共土地有了改换用途并获得更大收益的机会！由于英国农业生产的高度确定，社会产品和服务的价格也都是高度确定的，产权清晰是英国所有产权的整体性特征。因此，调整公地产权，以达成更优的经济效率，并不是一件困难的事。

事实上，在英国圈地运动的过程中很少出现暴力，绝大部分圈地都通过协议完成，顾及了各方利益，对于失去土地的小农户一方给予补偿，总体而言算是和谐的。而且正如我们前面所分析的那样，由于粮食产出的确定性带来了整个社会的物价和币值的稳定，工商业发展有保障，农民失去土地固然不是什么好事，但是"弃农从商""弃农从工"也并非绝路，他们的职业转型并不是不可逾越的障碍。

更有趣的现象是，过去人们以为圈地运动使英格兰乡村人口锐减，但是事实上，乡村人口减少仅仅是一开始的暂时现象，当那些大农场主引入农耕新技术后，反而增加了对乡村劳动力的需求，农业人口又有所增加。直到19世纪下半叶，随着打谷机、收割机、蒸汽泵引犁等高效农业机械的引进使用，英国农业劳动力的绝对数量才开始减少。

圈地运动带来英格兰农业的腾飞，粮食总产量不仅没有减少，反而增长了！从1600年到1800年的200年间，英格兰地区的谷物产量增加了两倍，而同期人口数量从416万增加到867万，这意味着英格兰的人均谷物供应量增加了40%多。与此同时，英国的农业生产率继续提高，不仅能够养活迅速增长的人口，而且使营养条件得到不断改善。

事实上，从1660年至1760年前后，英国的农产品还销往岛外，保持了将近一个世纪的贸易顺差。还是在那200年间，英格兰从事农业者占总人口的百分比从70%降至36%。到1800年，英格兰在人类历史上史无前例地做到了用三分之一的农业人口养活所有国民甚至更多人！

另外那三分之二的人口去干什么了呢？他们来到城市中，成为城市的管理者和服务者，成为雨后春笋般涌现出来的工厂里的工人和管理者；他们带着高效的工具走向乡野，挖掘矿石，开凿运河，兴修水利……

粮食在增加，人口也在增加。但是，一个独特的现象出现了，英格兰社会并没有进入高生育率和高死亡率并行的人口增长模式，粮食增加并没有被人口增加抵消掉，人口的增长率明显低于粮食的增长率，于是人均粮食拥有量明显增加了。

换句话说，英格兰的农业在腾飞，但这个国家并没有落入马尔萨斯陷阱里。马尔萨斯陷阱简单说就是粮食的增长只是带来人口的增加，最终使整个社会仍然徘徊在生存线附近，无法自拔。

该如何解释英格兰人口的这个现象呢？

自有历史记载以来，就没有证据表明英格兰落入了典型的马尔萨斯陷阱。中世纪以来，由于和平的国内生活和安全的地缘环境，英格兰没有以耕养战的压力，土地贵族更在意的是领地上的钱财收益，而不是人多好打仗，对于鼓励生育并不热衷。因此，英格兰的人口模式和欧洲大陆相比，低生育率和低死亡率并存的特征更加明显。

随着圈地运动的展开，更多的人进入城市去谋生。他们进入一个开放的市场经济里面，要在这种经济模式中谋生、赚钱甚至发财。在这种模式中，小农社会里崇尚的"多子多福"并没有多大的价值。从经济角度说，子女不再是家庭的资产，子女多了反而是家庭的负担。由于粮食产出的稳定性带来各种产品和服务价格的稳定，包括城市在内的社会也是稳定的，人们不需要借助亲戚们人多势众来保护自己。于是，合理的策略是少生孩子，但是优生优育，把少量的孩子教育好。这就是圈地运动兴起后，英格兰低生育率和低死亡率人口模式得以维系的原因。

从15世纪中叶到17世纪中叶的200年间，英格兰的国民财富以每年0.25%的速度递增，最终英格兰人的平均财富增长了一倍，城市里形成了数量可观的、有比较强的消费能力的中产阶级。在几百年前的世界里，这绝对算是奇迹！对比当时的清朝，即使有所谓的康乾盛世，增加的粮食仍然被增加的人口所吞噬，清朝民众的生活与过去相比并无明显改善。于是，一万年前农业革命开启就一直困扰着各个古文明的马尔萨斯陷阱，在英格兰被破解了。

圈地运动推动现代经济这个典型事例，正体现了科斯定理的真义：只要产权清晰（价格确定，交易费用低），不管资源在谁手里，甚至是有争议它究竟在谁手里，总可以通过市场交易或者法律裁决去实现配置最优化，从而提高全社会的总体福利。

英国现代化进程中股份公司的兴起，与圈地运动类似，也遵循同样的逻辑。只要产权清晰，也就是产权价格的确定性高，就可以通过交易对这些资源进行重新界定、重新配置，从而获得更好的经济效益。至于这个重新界定、重新配置的过程，是像圈地运动那样搞私有化，还是像组建股份制公司那样搞逆私有化，并不重要，根据具体的盈利机会而定，同样可行。

欧亚大陆上的那些国家，则要面对相反的状况。

前面已经谈到，由于农业生产的不确定性高，在法国农奴制解体的过程中，获得了土地所有权的法国小农很难就土地价格与潜在的交易者达成一致，这会阻碍土地集中。随着时间的推移，人口不断增加，绝大部分农民拥有的土地反而日益缩小，法国的农业土地更加难以集中。进一步地，主权是最高所有权，任何产权都不免于主权通过赋税分享利益，产权价格不确定，那么产权所有者和政府之间也就无法清晰地确定政府应得的赋税收益，就会造成彼此之间的争夺，法国经济也因此而遭受困扰。所有这些农业的和非农业的不利状况会聚在一起，各种因素都在阻碍着农业进步；相应地，法国股份公司的发展也大大落后于英国，所有这些根本因素和派生因素纠缠在一起，都在拖累大生产在法国的兴起。

粮食产出不确定性更高的地区，情况更为糟糕。大致上，从欧洲中部易北河向东的广阔欧洲大陆，主要为温带大陆性气候区，其气温降水相对于温带海洋性气候更不稳定，气象灾害也更为严重。在16—17世纪又遭遇小冰河期的严寒打击，反映在农业领域，历史学家认为当时的欧洲东部陷入了第二次农奴制，领主对于农民的剥削更加凶狠。为了满足欧洲市场上对粮食日益增大的需求，领主们迫使农民增加劳役。在波希米亚，农民必须一周五天服劳役，只能在周六耕种自家的田地。在斯洛文尼亚，15世纪的农民服劳役的时长不过是每年10天，可是到了16世纪末，竟然变成了每年6个月！劳役在领主直接拥有的田地（所谓家用农场或保留地）上进行。在东欧，这样的农奴制一直延续到19世纪。因此，东欧在现代化进程中大幅度落后于西欧特别是英国，也就顺理成章了。

古代中国有着与欧陆各国类似的情形，并且存在更为严重的粮食产出不确定性问题，土地价格也就更加不确定，人们更加难以就交易达成一致。比如，中国小农不但拥有的土地很少，而且这很少的土地往往还分散在不同的地方，给耕作带来极大的不便。但是由于更为严重的价格不确定性，要把分散的小地块通过交易加以集中，也成为一件非常困难的事。政府与产权所有者在赋税方面的争议与争夺也就更为严重，这些境况都与法国等国类似，等于是更为严重的产权模糊状况，这也就成为古代中国走向现代化几乎不可逾越的障碍。从地中海向东直到黄河、长江，欧亚大陆上的各个古代文明都遭遇了类似的窘境。

幸运的是，现代世界的大门已经开启，英格兰这根"独苗"正在茁壮成长。面对领土面积和人口都百倍于己的

"古代世界"，蕞尔小岛上的新型社会能存活下去吗？

何止存活下去！经济繁荣，在军事和贸易两方面为英国带来了相对于后发国家的巨大优势。英国人扬帆起航，驶向全球，融商人与海盗于一身，在掠夺中贸易，在贸易中掠夺，更加强化了国际竞争中富强者更富强、贫弱者更贫弱的马太效应。在给世界各地的人民带来诸多灾难之后，他们心满意足地带着巨大的财富回到不列颠岛，回到和平传统下的故乡……

正是英国的富强，对其他国家起了极大的示范作用。在竞逐富强的冲动下，从英格兰起源的现代化浪潮席卷全球，彻底改变了全世界的面貌。

斯密财富三要素的密码

——和平、和平，还是和平

图34 鲁本斯《和平与战争》

　　这幅画是西班牙国王费利佩四世送给英国国王查理一世的礼物，象征两国友好。画面正中，和平女神厄瑞涅（Eirene，秩序女神的女儿）正在哺育身边孩童形象的财神普路托斯（Plutus，农业女神的儿子）；画面右上方，智慧之神雅典娜正在抵挡战争之神阿瑞斯（Ares）和复仇女神厄里倪厄斯（Erinyes）激发的战争与仇恨。

在一篇1755年的演讲中，经济学家亚当·斯密提出了财富增长的三个要素："除了和平、便利的税收，以及过得去的司法（peace, easy taxes, and a tolerable administration of justice）之外，把一个落后国家变成繁荣的国家，就不再需要别的什么了。"

这句话流传已久，一直以来，这三个要素被认为是各自独立的，三者之间的一致性没有被充分认识，一个落后的国家走向繁荣，似乎是一个"集齐宝珠，召唤神龙"的寻宝故事。但是，从英国的历史经验来说，从政治经济秩序的本质来说，这种理解是不对的。

斯密是以英国的兴起为背景来论述的。和平、便利的税收、过得去（意思是还算公平）的司法，都是斯密对当时的英国状况的描绘，更是与英吉利海峡对岸的欧洲大陆做对比。斯密语境下的"和平"，不单是通常所理解的国与国之间的"和平"（无战争），也包括日常生活中的"安宁"。这种安宁，不仅仅来自宏观——国际上国与国之间的无战争状态，更来自微观——社会上人与人之间的弱冲突状态。在英国历史上，人与人之间的私斗，包括贵族和贵族之间的私斗，被宣布为违反了"国王的和平"（Peace of the King），要以王权加以约束和调解。负责地方治安的官员，早期被称作"治安官"（Keeper of the Peace），后期被称作"治安法官"（Justice of the Peace）。这些称谓中的"Peace"一词，也都包含了"安宁"这一层含义。

在前面对英国历史的概述当中，我们也讲过了，不列颠岛这个地方的社会生活，自古以来就有着一种弱冲突的、相对和平的基调，再加上英吉利海峡所带来的与欧洲大陆相对隔离的地缘特点，英国社会与欧洲大陆的冲突也是相对隔离的。英国历史上的"和平"曾经间歇性地被来自外部的征服中断，但是由于英国社会生活的固有特征，征服运动过后，这种"和平"又会迅速地重新建立起来。公元11世纪的诺曼征服之后，这种外部征服再没有出现，英国的"和平"也再没有被外部因素打断。

在对中国历史的概述中，我们已经用春秋战国举例，讲述了粮食产出的不确定性，也就是所谓的"饥穰更事耳"如何推动了人与人之间、国与国之间的冲突与战争。与此形成鲜明对比的是，正是不列颠岛上粮食产出的确定性，推动了英国社会生活弱冲突的、相对和平的基调，而粮食产出的特征，相对而言也是长期稳固的。

所以，无论从历史经验，还是从理论逻辑来看，不列颠岛上的社会生活中，"和平"并不是一种偶然发生的转瞬即逝的状况，它是"日常"的，渗透和表现在英国社会生活的方方面面；同时，粮食产出确定性，也表现为农业产品以及各种社会产品与服务的价格确定性。一种持续和平的社会生活，一种所有产品与服务价格持续稳定的社会生活，对于各种社会冲突的仲裁需求，会保持在一个稳定的低水平上。

要执行仲裁，也就是要维系"国王的和平"，就需要有官僚作为工具，武力作为后盾，而供养官僚和军队需要钱，就需要征税。一个仲裁需求长期稳定地保持在低水平上的社会，对赋税的需求也就比较低。这样一种价格确定性较高的生活状态长期持续，还意味着围绕各种产品的生产与交换盈利可期，有利于推动各种围绕生产和交换的劳动分工。分工水平较高，也就意味着生产效率较高，产品服务丰富，社会成员的生活富足，更提高了他们缴纳赋税的能力。赋税需求持续较低，社会成员的缴税能力持续较强，并且每个社会成员应该缴纳的赋税也由于财产的价格确定而容易计算，那么围绕征税的斗争就更容易达成妥协，征税的过程中就更少使用暴力。

在斯密的语境下，税收的"便利"，是一种征税规则的明确性、征税过程中的非暴力性，与"和平"一样，它根植于粮食产出确定性较高所造就的英格兰社会生活状况。

所以，税收的便利，"tax"之"easy"，其实源自和平，即"peace"。

英国这样一种特殊的社会生活状况，它的冲突水平低，需要仲裁的案件不多，代价也就不高，相应地，政府征收赋税也不难。于是，无论是社会成员之间的冲突，还是政府与社会之间的冲突，都可以长期维系在低水平上。换句话说，维系"国王的和平"，在英国这块土地上，自有史以来，一直都比较容易。

让我们借用一个对比，从英国普通法和欧亚大陆法的区别，来理解英吉利海峡两岸的司法区别。在夏威夷，围上草裙足以御寒，而在阿拉斯加，裹上皮袍仍有可能被冻死，草裙和皮袍是不同自然环境的反映；相应地，普通法和大陆法也是不同社会环境的反映。

如同草裙代表着温暖的环境，代表着不需要对抗寒冷那样，英国盛行的"理性化"不足的普通法，正是英国特殊社会生活状况的表现。这里的司法所面对的任务并不繁难，所需的资源也不缺少，于是像夏威夷草裙一样简陋的普通法体系足以应对。和英格兰的状况相比较，欧亚大陆上社会生活是高冲突的，维持秩序所需的工作是繁重而困难的，需要巨额的赋税支持，而高冲突的社会又阻碍了生产的发展，不足以支持这样的赋税需求，于是司法的需求与司法的能力形成悖论。与英国相比，尽管欧亚大陆上的法律体系更加有条理，也更加精密，司法状况却更加糟糕。

"全靠同行衬托"，有了欧洲大陆这样一个糟糕的比较对象，英国的司法状况自然也算是"过得去"（tolerable）。因此，司法的所谓"过得去"，同样是"和平"（peace）的产物。

英国的长期定额地租与欧亚大陆（法国）的短期分成

图35 伦勃朗《摩西十诫》

立约，是一切文明的起点。以传说中的十诫（Ten Commandments）为开端，一切税负与司法，都是与万民立约。

地租，分别源自英吉利海峡两岸高低不同的粮食产出确定性。税负和司法，都是政府与社会成员之间的"约定"，也就是"与万民立约"。与土地租约一样，它们本质上都是合约。英吉利海峡两岸这种税负便利性的对比、司法状况的对比，正和英吉利海峡两岸土地租约的对比一样，都是农业生产环境差异在政治经济秩序这种"合约"中的表现。

斯密所表述的繁荣国家的三要素"和平、便利的税收、过得去的司法"，只是以不同的形式再三呈现着同一根源：

英国农业生产具有的高度确定性，以及由此而来的和平秩序。

第五章

大分流在英吉利海峡两岸

1831年5月，两个法国年轻人抵达美国，开始了为期十个月的美国之旅。当时的美国版图还不包括广袤的西部。他们此行的公开任务，是考察美国的监狱制度，为法国政府改善监狱提供借鉴。但这只是两个人"假公济私"的借口而已，他们真正的目的是看一看美国这个地球上出现的新型国家。两个年轻人中的一个名叫托克维尔，是一位法国贵族，经历了疾风暴雨般的法国大革命，娶了一位英国太太。他后来写出了《论美国的民主》和《旧制度与大革命》两本著作，享誉世界。

托克维尔高度赞扬了美国发端于新英格兰地区（即美国东北角的缅因州、佛蒙特州、新罕布什尔州、马萨诸塞州、罗得岛州和康涅狄格州，是英国移民在美国的早期殖民地）的乡镇自治制度和精神。他认识到，美国并不是一个传统的贵族制的国家，这个国度从一开始就没有贵族，它代表了贵族制走向衰亡后的一个全新的现代社会。

当然，美国的很多所谓新事物，其实源自英格兰。而在托克维尔看来，当时英格兰迥异于欧洲其他地区的原因，远远不只是它的议会、它的自由、它的公开性、它的陪审团，而是一个更加举世无双和更加有力的事实：英格兰不仅仅是一个改变了种姓制的国家，更是一个摧毁了种姓制的国家。英格兰的贵族和中产阶级遵守同样的生意经，加入同样的职业。意义更加深远的是，他们之间相互通婚。正因为如此，美国建立一个没有贵族的国家才会如此顺利。

英国、荷兰、美国这三国构成的紧贴北大西洋两侧的窄带，与包括法国在内的世界大部分地区是完全不同的，前者出现了新结构，而后者还充斥着旧制度。

托克维尔是一位敏锐的社会观察者和解读者，他看到了不同于旧世界、旧制度的新世界、新结构。对于以美国为代表的新结构的产生，他也十分敏锐地指出了三个要素：一是自然环境与资源；二是典章制度，包括政府组织与宪政法治等；三是政教习俗。

托克维尔提出的这三个要素，已经触摸到了英国、荷兰和美国引领的现代世界诞生的奥秘。而本书从"粮舵"的观点出发，将其提炼为——粮食产出的确定性。

在前面的章节中，我们以中国、法国为例讨论了欧亚大陆和英国的历史。在整个欧亚大陆上，东西方各国的社会结构和发展历程都是相似的，而英国则是一个例外。这背后的因素，就是欧亚大陆和英国不同的粮食产出确定性，以及由此而来的不同文明气质。"主要看气质"，一个文明的道路如何，关键就在这里。在这一章中，我们就从这种气质差异出发，去解释英吉利海峡两边的不同道路，纠正一直以来对于文明大分流问题的片面看法。

我们的观点很明确：真正的文明大分流，并不是发生在东西方社会之间，而是发生在英吉利海峡两侧。

托克维尔丝毫不认为窄带上出现的新结构取代旧制度是一种必然，他甚至十分担心，这种他看好的新结构可能崩溃或被破坏。人口仅占全世界 2% 的小小一隅，似乎不可能在其余 98% 的异质竞争者面前幸存。

　　但是，这条窄带不仅幸存了，而且前所未有地强大了。在这一章中，我们将回顾两个世界如何分道扬镳，并由此塑造了全新的世界秩序。

第一节

潜水艇三明治：古代中国的赋税困局

图36　传教士眼中的大清绿营

　　依赖于土地税的传统国家无法摆脱财政困局，微薄的赋税收入无法支持先进的军事组织，在现代化力量的进攻面前只有一败涂地。

"潜水艇三明治"，是历史学家黄仁宇对中国传统社会权力结构的评论。上面是一块长面包，代表集权的上层集团，大而无当的文官体系；下面也是一块长面包，代表无权的底层民众，一盘散沙的万千农民；中间的蔬菜肉片，代表联络上下的中间层，也就是负责上传下达的地方政府，中间这部分非常薄弱。

在这样延续了两千余年的权力结构下，社会结构呈现为金字塔形，可是管理结构却正好相反，是一个倒金字塔形：上面一个大平台，日理万机，事事必统；越到下面管理人员越少，行政机构只到县一级，上面千条线，到这里就变成综合一切的"收发室"，穷于应付。中央政策由近及远，其信息的准确性、执行的有效性与距离成反比，距离越远越失真、越走样。虽然历代王朝权力高度集中，但是对地方的管理效率反不及中世纪欧洲的君主国。

造成这种顽疾长期发作的原因是什么呢？要强有力地管理地方事务，最基本的前提是建立有效的官僚体系。是人就要吃饭，官僚体系由人构成，是需要开支的。谁也没有三头六臂，有多少事，就需要多少人，要养活多大的官僚体系，就需要多高的赋税收入。传统中国地方治理软弱无力的根本原因，就在于赋税不足导致官员太少。

让我们以汉朝为例，来看看古代中国的赋税困局。

汉朝的财政规模是庞大的。据桓谭的《新论》记载，西汉每年取自人民的税收是40多亿钱，一半用于官员的俸禄，另一半储备起来以应对各种其他开支。少府（管理皇室私财的机构）的岁入总数是13亿钱。《汉书》记载汉元帝时期的财政储备如下：大司农经管40亿，水衡都尉经管25亿，少府经管18亿。到了东汉初期，光武帝刘秀进行了大的改革，把少府的全部岁入转给大司农掌管；公元40年以后，水衡都尉的官署被撤销，铸钱也成为大司农的特权。除管理盐铁的机构之外，大司农成为当时唯一的中央财政机构，财政权力越来越集中，看起来国家似乎是有钱办大事的，但这只是每个王朝前期的假象。

到后期，虽然汉朝民众纳税大部分还是支付货币，但国家所得的铜钱却越来越少。一个显而易见的原因是向国家纳税的农民在减少，越来越多的小农处于地方豪强地主的控制之下，不再向国家缴纳赋税。这些小农宁愿到地方豪强那里栖身，并不是因为国家收的土地税即田租很高。汉朝田租按实际的谷物产量征收，税率大约定于公元前205年，为产量的1/15（十五税一）。公元前156年，土地税下降到1/30（三十税一），以后就保持下来作为标准的税率。到了东汉后期，由于需要大量军事花费，有时按照1/10（十税一）征收。说实话，这个税率是很低的，反映出汉朝百姓的赋税承担能力很低，国家不能也不敢提高田地上的税率。而相比之下，古代佃农往往要把他们收获的粮食的一半上缴给地主！现实中让小农们恐惧的是国家和地方的各种徭役和数不胜数的苛捐杂税，让他们一年到头生存都成问题，而把土地投献给地方豪强，在他们的庇护之下，至少还可以生存下去。

这些徭役和杂税的横征，是帝国基层管理混乱、低效的体现。随着时间的推移，传统中国这种软弱无力的地方治理并没有得到改善。到了宋代，政府加强了对全体农民的控制，把佃农也登记在册，列入赋税的统计之中。现在很多学者描绘宋代是一个锦绣斑斓的文化王朝，士大夫们生活相当优裕，以清廉著称的范仲淹都能购买苏州近郊的上田千亩，用以赡养自己的族人，而其他达官贵人就更为奢靡。但其实宋代仍然是一个农业帝国，人口的绝大多数从事农业，他们缴纳的税金和实物养活着上层非农业人口，农民全家出动辛勤劳作，最后还要从微薄的收获中上缴赋税给国家，所以生活绝对不可能轻松，稍遇旱涝灾害，不是饿死就是妻离子散、背井离乡。在奢华的幻影之下，广大农民依然挣扎在温饱线上，生活并无改善。高度集中的财政权力一如既往地建立在底层的一盘散沙上。

赋税能力为什么薄弱？首要原因，是我们一直强调的中华大地上的自然条件制约。长周期的气候变迁和隔三岔五的灾害天气，使得农业生产缺乏稳定性。不确定的农业生产，带来了不确定的物价与高冲突的社会关系，交换和协作受到阻碍，国内市场和国际贸易的成长有限，消费和贸易都很低落，因此提供的赋税有限。税收对土地税的依赖度很高，而土地税依赖于有限土地上的农产品，有着天然的增长限制，因而赋税能力也是有限的。同时，高冲突的社会关系，刺激民众的耕战倾向，在有限的土地上聚集更多人口，导致更高水平的社会冲突，需要更庞大的官僚体系和军队维持社会秩序。这样一来，随着时间的推移，社会需要更多的赋税来支持官僚体系和军队，但是与此同时，依赖于土地税的赋税能力无法提高，甚至还可能随着人均土地的减少而衰退。

从历史上看，在两千多年中，古代中国的粮食亩产没有什么明显变化。从中原地区粟的种植来看，汉代粟的亩产量约为3石，折合今天的计量单位约为60千克。隋唐时期粮食亩产一般为2石左右，由于唐代一石的实际容量比汉代大，这一产量折合为70千克左右。北宋时期的粮食亩产为1～2石，宋代一石的实际容量又比唐代大一些，这一产量折合60～75千克。明清时期粟类粮食亩产又略有增加，但幅度并不大。水稻的亩产提高情况略好一些，以农业最为发达的江南地区为例，南宋时水稻每亩产量1.3石，元代达到1.8石，明代是2.1石。但这是农业自然条件和技术条件最好的江南地区的情况，广大南方的其他地区水稻亩产的提高幅度是达不到这个水准的。

粮食亩产增长不大，而人口却在不断增加，所以长期来看，平均到每个人身上的口粮，基本上是停滞的，甚至是下降的。这就是典型的马尔萨斯陷阱的状况。在每个农民只能勉强糊口的情况下，国家想要征收充足的赋税，是办不到的。

　　没有足够的赋税，就没有足够的社会管理人员。正是人手不足的状况，造成了传统中国所谓"潜水艇三明治"式的社会权力结构。中央政府只能把数量非常有限的官员派到地方上，最低只能到达县一级。那么，县以下的行政、税收、司法等工作该怎么完成呢？

　　很大程度上，县一级的官员是政府工作的承包人。某种意义上，他是一个带薪创业者，从官僚体系中领取一个地方上的外派任务，带上自己的幕僚伙伴，用地方上的创收作为激励，到该地方拉起一个"草台班子"，维持地方秩序，并上缴中央政府要求的税收。中央政府就依靠他上缴的税收，来维持他身在其中的官僚体系，并维持作为官僚体系之后盾的军队。他拉起的这支队伍，由专职或者是兼职的、没有官员身份的非正式人员组成，他们或者是由该官员指派，或者是由地方上的精英推荐，来协助完成他作为地方官的职责。

　　如果你对现代企业中的外包制度有所了解，那么对这种治理方式的利弊，也就好懂了。比如，你接到一个预算吃紧而又必须完成的任务，那么一种不得已的办法，就是将它外派给那些水平可能业余，但是成本比较低的分包人。他们不占用你的人员编制，为你节约了开支，还能帮你"完成"任务。但是与此同时，你就必须忍受种种失控的可能，以及可能较为低劣的工作质量。一分价钱一分货，传统中国的地方治理水平低劣，就源于这种预算不足的治理方式。

当赋税始终不足的清朝遇到步入现代世界的国家时，反差就更为明显。清朝与英国的财政、税收对比，就给我们提供了鲜明的案例。

史学界有个所谓"漫长的18世纪"的说法。从17世纪后半叶到19世纪初，是英国逐步崛起并称霸全球的时代，这个时期大概相当于清朝的前半段。在康乾盛世时期，正值全世界白银货币充足的时代，美洲大陆的白银涌向世界，给以白银作为征税货币的清朝带来了一段美好的岁月。根据记载，乾隆三十一年即公元1766年，朝廷的收入包括地丁银近3000万两、盐课570多万两、关税540万两……合计4800多万两；朝廷的支出包括兵饷1700万两、王公和官员的俸银94万两……合计3400多万两。收入减去支出，这一年朝廷就有1000多万两白银的盈余。

乾隆后期的大学士阿桂曾经有一篇《论增兵筹饷疏》，里面清楚地记录，康熙皇帝死时，留给雍正皇帝的国家部库有800余万两白银。到了雍正年间，在守财奴雍正的经营下，部库存银逐渐积累到6000余万两，但是由于西北用兵而支出了大半。到了乾隆皇帝接手时，部库存银只剩下2400万两，此后又不断积累，越来越充实，部库里多时积累了7000多万两白银。

但是这些积蓄根本经不起一次不大的战争！比如乾隆皇帝执政后期，为了平定西南地区的大小金川叛乱，朝廷就付出了伤亡近10万人、花费8000万两白银的代价。据历史学家估算，如果没有战争，当时清朝财政每年能有三五百万两白银的结余。一次大小金川之战，花掉了清朝财政近20年的盈余！所以当18世纪末期乾隆退位、嘉庆登基时，清朝部库已经见底了。嘉庆一上来就干掉了大贪官和珅，其实有敛财救急之嫌。

同一时期，英国的财政收入是什么情况呢？

在"漫长的18世纪"前后，英国中央政府的年税收从17世纪末的200万英镑增长到了19世纪早期的6000万英镑（1英镑约合中国白银3两），并在19世纪中前期长期维持在这个水平。而18世纪康乾盛世，清朝的年财政收入按照4000万两计算，约合1300万英镑。此后19世纪早期的嘉庆一朝财政状况更为糟糕。粗略估计，19世纪早期英国的年财政收入是清朝的5倍左右。

我们不要忘了，当时清朝拥有3亿人口，而英国本土的人口约为1000万，两国民众缴纳赋税的能力真的有天壤之别。18世纪初，英国人对中央政府的人均税负约为30克白银；到19世纪早期，这个数字达到峰值，上升到了接近700克白银；此后由于爱尔兰并入英国，纳税人口增加，人均税负才回落到300克白银以下。与此同时代的中国清朝人均税负基本稳定，即使计入附加税，峰值也不会超过人均10克白银，通常只有5克白银左右。当时英国个人税负与中国清朝个人税负相比，长期保持着数量级差异。

我们更不要忘了，当时的清朝百姓生活困苦，以至于学者将那个时代称为"饥饿的盛世"；相比之下，不列颠岛上的民众不仅生活富足，人身安全也更有保障。

由于赋税始终不足，相比于广大地域上的庞大人口数，传统中国能够维持的官僚体系实际上规模非常小。在上述"漫长的18世纪"，清朝中央政府能够维持的官僚队伍，人员总数在两三万人，其中约半数留京，半数派往地方。同一个时代，英国政府的官员数量也有这么多，但是考虑到英国人口只有中国人口的二三十分之一，以官员占人口总数的比例而言，和个人税负的情况相对应，两国也存在数量级的差异。

由于预算充足，英国政府可以配备远比传统中国更为充足的人手。正式官员在人口中的占比，会比传统中国高出二三十倍。这些人手都有明确的待遇，相应地承担明确的职责。因此，相比于传统中国，英国官僚系统的工作效率和可靠程度，都要高得多。

进一步地说，预算充足带来的优势，并不限于更庞大、更有效的官僚系统。国之大事，在祀与戎。官僚系统负责"祀"，军队系统负责"戎"。得益于充足的政府预算，相比于传统中国，英国军队也有着同样巨大的优势。

从18世纪初到19世纪中前期，英国陆海军从10万人左右，增长到了40万人左右。特别需要指出的是，英军中有大约三分之一是耗费巨资装备和训练的海军。与此同时，与税收的稳定相对应，清朝的军队人数稳定地保持在90万人上下，以陆军为主，大约三分之一是八旗军，三分之二是绿营军。需要耗费巨资去装备和训练的海军规模很小，甚至不具备清剿近海海盗的能力，其实力可以忽略不计。

悬殊的预算带给双方的差异是巨大的。与官员在总人口中的占比类似，军人在总人口中的占比，中国也只有英国的二三十分之一，同样有着数量级的差异，甚至随着时间的推移，这个差异变得更加悬殊。数量之外，充足的预算还给英国军队带来了更好的装备和训练。由于清朝军队的装备和训练水平过于低劣，在纸面上的90万人当中，真正能够投入战斗的人员，可能只有三分之一到二分之一，更不要说可以忽略不计的海军了。鸦片战争中，清朝军队在英军面前不堪一击，就是这种悬殊的力量对比造成的直接后果。

再次强调，英国粮食产出的确定性，带来了确定的物价与和平的社会生活，交换和协作得以发展，繁荣的国内

图37　1773年英王乔治三世阅舰式

百年海军的真义，并不是建设海军需要百年，而是持续的经济繁荣才能喂养得起这头吞金巨兽。

市场与国际贸易得以成长。同时，与欧亚大陆隔英吉利海峡相望，英国又获得了相对安全的国际环境。英国的税收越来越不依赖于土地的产出，它主要是消费税和贸易税，分别得益于繁荣的国内市场和国际贸易。随着分工的提高、贸易的繁荣，它的税基是无限增长的。

对于中国的古代王朝来说，能够缓解（而不是解决）赋税困局的唯一途径，就是扩大耕地面积，靠扩大"基座"的规模，拥有更多的耕地和人口，使中央政府获得稍多一些的财政收入。而新开垦的耕地虽然不一定是良田，但是由于人均耕地面积增多，在一定程度上能够缓解人口压力，因此政府从新开垦的耕地区域还能够征收到一些钱粮，补充王朝的开支，以维持其运转。在过去的一两千年中，每当政府能够扩大其耕地面积时，日子就会稍微好过一点。

比如，从唐代开始，长江流域逐渐成为王朝新的耕地"增长点"。中国文明的早期版图以黄河流域为中心，当黄河流域早已成为秦汉王朝经济重心的时候，南方还因为战国晚期的衰落而回到了原始的自然状态，处于"筚路蓝缕，以启山林"的开发初期。

古人对于长江流域的农业开发进程并不一致。早在战国时期，长江上游的成都平原已经与中原地区同步开发，秦国在那里修建了都江堰，滋润万亩良田。到了唐代，长江下游的江南地区的农业得到了长足进步，人口增加不多，但是粮食产出却有很大的提高。而此时黄河流域由于长期的战乱，农业生产遭到很大的干扰，黄河流域和长江流域的主次地位发生了根本性的逆转。《新唐书·食货志》记载："唐都长安，而关中号称沃野，然其土地狭，所出不足以给京师、备水旱，故常转漕东南之粟。"这意味着江南地区已经开始和中原地区平起平坐了。到了宋元时期，长江中游的江汉平原也陆续开发，原本一片泽国的"云梦泽"，迎来了排水筑堤修田的大批农民。江汉平原农业的形成与全面开发大约从南宋后期开始，经过元明清三代达到鼎盛，并成为重要的粮食输出地，南北十余省都仰仗江汉平原的粮食补给，所以有"湖广熟，天下足"的美誉。

总之，古代王朝向长江流域甚至更远的珠江流域、南方山岭的辗转腾挪，的确在一些时期缓解了王朝的人口压力，并获得了一些赋税。

此外，至少从汉代就开始实行地税、口税并行制度。地税根据田亩来收取，口税根据人头来收取，人一生从七八岁开始，就有向朝廷缴纳口税的义务。长期以来，口税重于地税，沉重的口税造成了朝廷户口登记中的大量隐漏现象，我们前面已有描述。直到清朝雍正年间，开始实行"摊丁入亩"制度，取消了相沿近2000年的"人头税"——口税，这是中国古代赋税史上的一次重大变化。这个变化客观上刺激了中华大地上的农民多生后代的意愿，清朝的人口也从清初的1亿左右一路攀升，到清朝末年全国人口已达到了4亿人，以至于精耕细作，有限的耕地也无法养活激增的人口，大量的人口不得不向荒山老林要粮食，开垦新的耕地。明清时期中国南方山区从山脚到山顶的层层梯田，就是人口激增引发的垦荒浪潮的证明。

但是，这种靠扩大耕地规模来汲取更多赋税的方式，仍然是十分低效的，每个可怜巴巴的农民能够交上来的钱粮，仍然十分有限。随着新垦田地上的人口繁衍，人地矛盾再次出现，困局依然无解。

另一类偏门的缓解困局的方式是向富人卖官鬻爵，这个迫不得已的办法，对于欧亚大陆上的国家来说都不陌生。中国历史上"鬻爵"的明确记载，可以追溯到秦始皇。《史记·秦始皇本纪》记载："（始皇四年）十月庚寅，蝗虫从东方来，蔽天。天下疫。百姓内（纳）粟千石，拜爵一级。"灾疫之下，政府通过卖爵位得到短期收入，给出的爵位实质上是免税特权，相当于以爵位抵偿未来若干年的国债利息。对于入不敷出的政府来说，出售免税权仍然是债务性质的收益，当然，这个免税权的可靠程度比英国国债利息要差很多，何况民众整体上穷困，因此销路有限，与政府开支的巨大缺口相比，只能算是杯水车薪。进一步的办法就是卖官，出售官职。前面我们已经讲到传统中国基层政府的治理逻辑，对于买官的人来说，实质上就是购买了一个地方政府的"创业股"，收益多少不确定，要靠天靠命，收益可能很大，风险也很大。对于政府的赋税困局来说，卖官鬻爵只是消极的维持或补救，并不会创造或扩大税基，甚至会破坏未来的政府收益，实质上是在饮鸩止渴。但是政府在债务收入难以依靠的情况下，出售地方政府的股权，或者免税特权，实在是迫不得已的最后出路。

为什么中国古代王朝不能像英国那样，广泛地向民众发行国债来筹集资金，去支持军事、行政的种种开支呢？根本原因在于，发债需要有良好的信用，良好的信用依赖于偿债能力。而中国古代王朝赋税能力低下，经常处于实质性的收不抵支状态，不可能有足够的偿债能力，即使发债未来也还不上，最后只能是信用破产。

清政府就曾经参照欧美列强，也想靠发行国债来渡过难关。比如太平天国起义爆发，清政府为了筹钱平息叛乱，在1853年尝试发行国债，国债发行试点在山西、陕西、广东，美其名曰"劝借"，就是向殷实之家"暂时挪借，以助国用"。借到钱后，政府还发给出资人凭票，约定分年归还；甚至还规定，出资数额较大的民众，将来不仅可以收回本金，当地官府还要予以嘉奖，建坊给匾，这算是一种荣誉。

太平天国起义被镇压后，按理说官府该还钱了，结果各省官府纷纷借口财政没钱，只愿意给出资人一些虚的名声，或者给个闲职。借款变成了捐款，这些民众被清政府忽悠了一把。这里面有清政府不讲信用的一面，但是财政没钱也是实情，经过太平天国和捻军起义的连年战火，各地官府其实已经破产了。

更悲催的一幕发生在甲午战争时期。1894年甲午战争爆发，清政府立刻陷入了财政赤字的泥潭之中。1896年，中央政府财政赤字高达1292万两白银。接下来又发生了义和团运动和八国联军侵华，战后割地赔款，让清政府的财政赤字再上新台阶，1903年达到了3000万两白银。

在这段动荡中，焦头烂额的清政府于1898年推出了"昭信股份"，面向全国发行一亿两银子的债券，利息为5%，以解燃眉之急。民众早就看出清政府从上到下已经破产，不可能有还债的能力，结果昭信股份的债券几乎无人问津，只筹集了1000万两银子就草草终止。

总之，中国古代王朝对赋税的强烈需求和获得赋税的虚弱能力，构成了越来越不可调和的一对矛盾。政府只能放纵社会治理的软弱溃烂，从基层逐渐向上蔓延，王朝就必然走向悲剧性的动荡和衰败。

第二节

欧陆的困境：西班牙、法兰西、尼德兰

图38　驱逐摩尔人

　　农业周期和长期战争摧毁了西班牙的农业体系，掏空了国家发展的根基。美洲的金银财宝只能带来一时的辉煌，却无法挽救西班牙将要长期衰落的命运。

公元11世纪，诺曼底公爵威廉挥师英格兰的时代，欧洲正处于历史性变革的前夜。如果要问当时欧洲最大的城市，你能想到哪个城市？巴黎、伦敦还是威尼斯？

都不是！公元11世纪欧洲最大的城市居然是科尔多瓦，位于今天的西班牙南部，人口约为45万。当时的伦敦只有2.5万人，巴黎更可怜，只有2万人口。兴建并经营科尔多瓦的，是入侵欧洲伊比利亚半岛的摩尔人。他们信奉伊斯兰教，善于农业和商业，把这座城市打造成了当时的欧洲贸易中心。此后，西班牙人经过数百年的光复战争，终于把摩尔人赶回了非洲，整个伊比利亚半岛落入了西班牙和葡萄牙手中。

按说西班牙人继承了包括科尔多瓦在内的伊比利亚半岛这样一个富饶之地，此后又借助发现美洲，掠夺了大量的黄金白银，在经济上应该有很好的发展。然而历史似乎跟西班牙开了一个巨大的玩笑，它给了西班牙最好的机会，又让西班牙把这些机会都败光了。

从气候条件上讲，伊比利亚半岛的气温降水等条件还是不错的，南部和东南部是地中海气候区，北部和西北部为温带海洋性气候区，此外还有一部分高原高山气候和温带大陆性气候区。地处南欧的低纬度地区，光照充足；三面环海，水汽也充足。

在这样的农业条件下，西班牙曾经有过繁荣的时代，但是这种繁荣并不稳固。欧美经济史学家们很早就意识到，欧洲大陆存在长周期的农业繁荣与衰退的两阶段大循环。这是一种马尔萨斯模式下人口与经济的周期性变迁。由于前现代技术条件下农业生产力的天花板很低，在第一阶段，人口增加，荒地开垦和土地肥力下降造成农业收益递减，"供小于求"的趋势必然发生，于是工资水平不断下降，食品价格不断上涨，土地租金不断提高。在有限土地上的过度拥挤和资源损耗，代表着人口过剩，这就导致"马尔萨斯抑制"（战争、瘟疫和饥荒，以及它们导致的死亡，也就是所谓天启四骑士）的出现。随着天启四骑士的到来，第二个阶段，也就是人口下降、社会崩溃的阶段就到来了。在第二阶段的灾难到达顶点后，人口大量减少，土地再次变得充裕，这一大循环就回到了第一阶段。在法国历史学家布罗代尔那里，这一大循环甚至有一个浪漫的名字——"地中海的深呼吸"。影响遍及欧洲的14世纪经济社会大危机，正是这样一个长期农业循环中的衰退最低点。黑死病和农业周期叠加，带来了深刻的经济社会危机，成为西班牙光复战争走向终局的助推器。在一系列的破坏之后，漫长的光复战争终于在15世纪末结束了。

可悲的是，战争的结束，不等于敌对的结束。长期战争带来的不信任情绪，加上16世纪后半期新一轮农业衰退的刺激，西班牙王室和教会开始违背与摩尔人的契约，强迫已经屈服的穆斯林摩尔人改信天主教。王室和教会与摩尔人之间的冲突，最终引发了1567年的摩尔人大起义。在无解的冲突困局中，多达50万的摩尔人最终被驱逐出去。结果，在农业周期和长期战争的双重摧残下，那座600年来欧洲最繁华的城市科尔多瓦的人口规模锐减，跌到了从前的七分之一。伊斯兰西班牙的城市和土地虽然落入了天主教西班牙手中，可是昔日繁荣的贸易、灌溉体系支持下的精耕农业，全都衰败了。

西班牙作为地中海国家，不论是对外还是对内，都缺乏英格兰式的和平传统。名义上统一的帝国内部割据势力分立，实际上帝国是由很多王国合并而成的，可以看成是"共主联邦制"。它们过去曾经长期彼此征战，各王国之间向对方的商人征收关税和通行费。即使在卡斯提尔和阿拉贡两个王国合并后，一处公民在另一处仍被视作外国人，相互之间保留着关税壁垒，甚至货币都是各自为政。高高在上的西班牙国王也很难改变这种"国中有国"的状况。

长期战争，加上蔓延欧洲的黑死病与14世纪大危机，给西班牙的农业生产带来了巨大的破坏。即使战争的胜利带来了和平，西班牙的农业生产也仍然受制于粮食风险带来的地租关系困境，陷入低谷而无力自拔。

西班牙的大片土地集中在贵族和教会的手上，这本来与诺曼征服后的英格兰有相似之处，但是与英格兰出现了租地农场主阶层和圈地运动不同，由于较高的粮食风险，西班牙土地耕作不能像英国那样，集中土地做营利性的商业经营，这里的地租关系是通行于欧洲大陆的实物分成地租，大地主们往往通过管家或其他中介，把土地分成小块，出租给农民，这些佃农要用谷物来交租。显然，耕种小块农田的佃农既缺乏资金去改造土地，也没有能力去承担其中的风险，粮食产出有限，粮食剩余也有限。在农业效率方面，西班牙与英格兰相去甚远。

更加令底层西班牙人雪上加霜的是美洲金银的流入，让国内各种商品价格暴涨，粮食这样的基本生活物资自然也不例外。受粮食涨价激励，在西班牙的许多地区，不管是土壤肥沃的河谷还是贫瘠的山地，都开始种植谷类作物。但是，正如前面所讲的那样，粮食风险阻碍了农业效率的提高，西班牙农业增产的能力有限，无法平衡大量金银流入带来的通货膨胀，基本生活物资价格高涨带来的冲击，使很多普通西班牙人生计艰难。为了维持社会秩序，西班牙王室"顺应民意"，于1539年颁布了粮食限价令，不许粮食随着市场供求关系涨价。此举强化了农业流通中的风险，让原本就因为农业生产中的高风险而难以为继的西班牙农场主和农民雪上加霜，遭受了新的打击。农业经营风险太高，使得他们只能缩减种粮的田地，改做其他用途。这样一来，西班牙国内的粮食短缺更加严重了。无奈之下，西班牙王室的应对之策是鼓励粮食进口，对进口粮食减免关税。依靠从外国进口粮食来缓解短缺状况，又导致外国廉价粮食冲击西班牙国内市场，西班牙的农场主和农民在这层层递进的风险强化之下备受打击，农业生产萎靡不振。

当西班牙在15世纪末结束了光复战争时，离开14世纪大危机这个农业大循环的周期性低谷还没有多久。这样的低起点，再加上前面描述的种种不利，最后，曾经是农业繁荣之地的西班牙，本国粮食产出远远不能满足自身需要，越来越依赖进口小麦和其他粮食来养活人口。

西班牙纺织业的衰落，与农业衰败简直是拿了同一个剧本，熟悉的画面，相似的结局。在哥伦布刚刚发现美洲大陆的时候，西班牙的纺织业在欧洲还挺有优势，属于纺织品的出口国。随着美洲金银涌入国内，刺激了纺织品和生羊毛的消费，由于生产能力有限，纺织品价格自然上涨。在这种普遍的通货膨胀中，底层人民的生存受冲击最为严重。为了照顾底层人民的生存需要，维持起码的社会秩序，西班牙王室的策略依然只能是打压市场价格。1548年，外国纺织品可享受进口免税；1552年，国内纺织品被禁止出口（除出口殖民地之外）。这类政策严重打击了本国的纺织业，当英格兰纺织品在全球市场攻城略地的时候，不仅西班牙纺织品在欧洲大陆上丢掉了所有的地盘，西班牙还摇身一变成为纺织品进口国。

本国生产能力低下，经济糟糕，赋税不足，西班牙帝国的地盘又分散在欧陆各处甚至海外，使得帝国要面对大量的外部挑战，战事连绵不绝，开支巨大，即使有从美洲掠夺的黄金白银助阵，也还是入不敷出。为了平衡开支，西班牙国王屡屡借债，主要是向欧陆的各大银行家集团借债。借债是以未来的收益做抵押的，利滚利的结果是，1544年，西班牙的财政收入就有三分之二用于还贷。八年之后，西班牙王室连债都还不起了，于是干脆宣布不还了，赖账！这就是我们今天所谓的"国家破产"。自这次破产之后，西班牙在此后的一百多年中，竟然又发生过七次王室破产！

究其原因，自身粮食产出的不确定性，以及这种不确定性造成的生产能力低下，加上外部地缘环境的不稳定性，是西班牙早早衰落的根源。

那么，作为欧陆一霸的法国，情况又如何呢？法国王室很早就收服了各路诸侯，一家独大，是否能够引领法国紧跟英吉利海峡对岸的英格兰，迅速走入现代世界呢？

非也，法国步入现代世界的艰难和缓慢，其真相是令人吃惊的。

让我们先来读一段马克思的话——

（法国）小农人数众多，他们的生活条件相同，但是彼此间并没有发生多种多样的关系。他们的生产方式不是使他们互相交往，而是使他们互相隔离。这种隔离状态由于法国的交通不便和农民的贫困而更为加强了。他们进行生产的地盘，即小块土地，不容许在耕作时进行任何分工，应用任何科学，因而也就没有任何多种多样的发展，没有任何不同的才能，没有任何丰富的社会关系。每一个农户差不多都是自给自足的，都是直接生产自己的大部分消费品，因而他们取得生活资料多半是靠与自然交换，而不是靠与社会交往。一小块土地，一个农民和一个家庭；旁边是另一小块土地，另一个农民和另一个家庭。……这样，法国国民的广大群众，便是由一些同名数相加形成的，好像一袋马铃薯是由袋中的一个个马铃薯所集成的那样。

这段关于法国小农经济的论述，出自马克思《路易·波拿巴的雾月十八日》一文，写于1851年年底到1852年年初。海峡对面的英国已经在半个多世纪之前开启了工业革命，遥遥领先。

我们前面已经谈到，以法国为代表的欧陆流行的是典型的封建主义制度，各国国王通过授予封土的方式，换取仆从们的军事服役。农奴制解体后，法国等欧陆国家长期实行的是分成地租制，而且租期较短，领主和佃农们按照某个比例来分配土地上的收获。按照"粮舵"的原理，这种分成地租是在粮食产出不确定性较高的情况下，人们所采取的一种现实的策略。所谓"无恒产者无恒心"，为了对抗农业收成上的高风险，人们不得不采取租期较短的分成地租制，落袋为安，见好就收。

而在近代法国曾经长期存在的小农经济，就是封建主义和分成地租的产物。农奴制解体以后，法国那些手握大片土地的封建领主，并不热衷于从规模化的农业生产中获利，而是热衷于把土地分成小块，租给一家一户的农民，从而获得佃户们的一部分收成。与此同时，国王和封建领主还通过徭役无偿占有农民们一部分时长的劳动，以一种非货币化的方式，获得兴建基础设施和维持社会服务所需的人力。

其实法国的农业生产条件并不算差。法国的大部分地区属于温带海洋性气候，气温、降水与海峡对岸的不列颠岛类似；法国东南沿海属于地中海气候，也算得上差强人意；只有东部有一小部分地区属于高原高山气候。从自然条件看，这样的气候条件再配合法国北部大片的西欧平原，是适合开展农业生产的，法国的粮食风险并不算太高，粮食产出也还不错，称得上富饶之地。良好的农业基础带来了密集的人口，给当地政权以争雄欧陆的力量。这也是在法兰西这片大地上涌现出许多名垂青史的强大政权的根源性原因。

可是，法兰西的问题隐藏在这表面的繁荣富饶之下！法国占据了欧亚大陆西端的陆地部分，在大陆的西海岸上恰好又居中。法国作为四战之地，历代君主或主动或被动，都深深地卷入了欧陆的各种纷争之中，于是长期以来，法兰西这片大地上动荡不息。法国农业生产条件虽然不错，但和西班牙一样，不免于所谓的两阶段农业大循环，也是小农经济盛行。糊口式经营的小农业不利于社会稳定，频繁的战争进一步破坏了农业生产，脆弱的小农承担着繁重的徭役，陷入社会纷争和生产衰退互相推动的恶性循环。因此，法国的农业形势远不如田园牧歌状态下的英格兰。

到了近代，太阳王路易十四时期，法国王室逐步战胜了各个封建主和某些教派对王权的挑战，开始"一家独大"，并威震欧陆，但法国的农业仍然难有起色。当时的法国不得不维持一支欧陆最强大的军事力量，它要向东对付奥地利和普鲁士，以维持自己在德意志地区的影响力；它要向南与抛撒着美洲金银的暴发户西班牙竞争，以陆军和海军压制对手；它还必须维持一支地中海上的舰队，来保护自己的地中海沿岸，并影响意大利半岛甚至近东地区的政局，与奥地利或者奥斯曼土耳其抗衡；更不用说它在大西洋上还有个可怕的对手——英格兰，它必须维持足够庞大的大西洋海军以对抗英格兰；在殖民时代来临后，法国在新大陆、非洲还有大量的殖民地，这也需要它用强大的军事力量维持……

没有充足的赋税，就没有强大的军队，这在任何一个国家都是真理。

17世纪末欧洲爆发了"九年战争"，路易十四为了扩张势力，入侵德意志地区，引发了以奥地利为首的联合抵抗，最终的结果是谁也拿不下谁，路易十四放弃了对外扩张的念头，同时保住了法国作为欧陆霸主的地位。也就是从这时开始，手头很紧的路易十四开始向全体国民征收人头税，不论臣民的社会等级、地位如何，都要缴税；然后，路易十四又向国民征收什一税。这些新的税种加起来，占到了当时法国全部税收的四分之一。从征税这一点上说，权力集中的法国国王比处处受制的西班牙国王要更顺心一些。但税种的增加，并不能改变法国财政基础的虚弱，反而会加剧这种虚弱。虽然贵族们现在也要纳税了，可是羊毛出在羊身上，这些税负最终还是转嫁到小农的身上，使他们的生活雪上加霜。

当时法国有80%的人口生活在农村，其中又有至少80%的人完全靠耕种土地为生，他们就是数量庞大的小农。半数的小农甚至没有自己的土地，或者只有很小的一块土地。他们需要充当佃农，为领主们耕种农田，以分成地租的形式养家糊口。小农基本上都要向自己的领主缴纳各种领主税并服徭役。当时的领主除了传统的贵族，还有神职人员和富裕的平民。而那些小农的收入中，有四分之一到二分之一要缴领主税、什一税，还有国家的税种。

军役税就是一个让法国小农感到压力山大的税种。此税原本是各地领主自己从领地收取，用于组建军事治安队伍。后来，法国王权扩大，就把这项税收接管过来。说白了，军役税就是国王用来雇佣士兵的钱，缴纳了这笔钱，原本要服兵役的大小贵族就不用义务服兵役了。这个思路，其实就有些英格兰的"变态封建主义"的影子了。可是，由于法国粮食产出的不确定性，粮食供应不稳定从而导致货币价值不稳定，规模化经营农业以求盈利就成为不可能，种田是一个只能糊口不能赚钱的营生，法国就没能更进一步走向圈地运动等深刻变革。相反，欧陆争霸的激烈形势，使法国在17世纪就恢复了义务兵役制，军役税向全民征收，但基本上都由小农承担了，很多贵族有各种办法来减免自己的军役税，或把军役税转嫁到小农身上。而且军役税是按照人头来摊派，这对于贫穷的小农来说更为不利。很多小农为了逃避军役税或者服兵役而逃亡，政府则一次次地追捕他们，鲜活地展现了欧洲版本的"苛政猛于虎"。

强制服徭役本来是领主的特权，针对自己领地上的农民；后来扩大到王室开始强制农民服徭役，进而扩展到所有公共事业都需要农民服徭役。比如1719年，法国就征调劳工来修建军营，要求各教区必须选派最好的工人，其他工程必须为它让路。徭役的一个重要内容是在军队转移时协助搬运辎重，当时的军队装备沉重，所以这是很苦的差事，必须征调大量车辆和牛，才可以搬运这些东西。随着法国军队的日益庞大，这项徭役成为农民最繁重的负担之一。虽然服徭役可以获得一点点报酬，但是对农民来说完全是入不敷出的。

由于生计艰难，他们当中那些走投无路的人就会想方设法进行走私活动。当时法国政府通过推行"包税制"，对盐和烟草这些货物的买卖进行垄断，因此走私是很赚钱的行当。但是走私行为破坏了政府的专卖权，是法国政府严厉打击的行为，很多从事走私的农民甚至会被处以死刑。这样的严厉制裁，从侧面说明了当时法国的工商业水平十分落后，不能提供充足的税收，政府依靠完全的垄断才能

图39 路易十四画像

"太阳王"的荣光，随着法兰西经济血脉的枯竭而暗淡。

攫取到一些财富。

近代以来的法国的确很强大，但是也很疲惫，以至于1713年以后，太阳王路易十四麾下的40万大军不得不大幅度裁减，因为他实在是没有钱来维持那么多军队了。建立在小农经济基础上的帝国大厦，很难在广大的小农身上汲取大量的税收，而虚弱的工商业所提供的税收也有限。那时的法国，其实和很多东方帝国类似，只是依靠庞大的农业人口来汲取税率并不高的税收，靠体量的优势来压制对手而已。

到了法国大革命爆发前夕，也就是1789年之前，当时法国有2800万人口，其中有14万名贵族和17万名教会人员，他们只占了总人口的1%，却控制了法国几乎一半的土地，并在法国的政坛和社会上担任了几乎所有官职。与英格兰那种各个阶层隔离不严重、普通人也存在上升通道的社会相比，法国的阶层固化十分严重，不仅广大农民痛恨世袭贵族和僧侣，就连以商人为代表的新兴资产阶级也迫切希望改变被打压的地位。一部分开明的贵族也感觉法国这样下去没有出路，希望变革。这就是当时法国政局风雨飘摇的局面。

更要命的威胁来自财政方面。前面已经讲过，法国粮食产出不确定性较高，长期以来工商业较为虚弱，本就无力支撑一个需要大量税收的帝国。而在法国大革命前夕，法国的财政又进一步恶化了，主要原因是法国为了与英国对抗，支持美国爆发的独立战争，甚至亲自下场参战。这需要很多钱，法国当时的财政大臣以借款的方式而非增税的方式来筹集经费。说实话，当时法国即使增税也无法筹集到足够的经费。借款本身没什么可指责的，因为英国人打仗的时候也借款。问题在于英国政府的偿还能力很强，信用很高，因此借款支付的年利息只有3%左右；而当时的法国连国家银行都不具备，法国王室也根本不把自己花钱的账本给外界看，因此在欧洲银行家眼中，法国政府借款违约的可能性很高，所以当法国去借款时，它要支付的年利息达到了6%，是英国的两倍！而法国自身的经济造血功能又很低下，于是只能拆东墙补西墙，一路借款下来，到了法国大革命前夕，法国单是借款的利息支出，就几乎吞噬了年度财政收入的一半。法国的财政其实已经破产了。

另一个雪上加霜的事件是英国制造业对于法国制造业的冲击。1786年，法国签署了自由贸易协定，与英国实行自由贸易，结果英国质优价廉的纺织品大量进入法国市场，使得法国大量纺织工人失业。而在1787年，法国农业又歉收，到了1788年天气仍然很糟糕，于是小麦和面包的价格攀升，比如在法国纺织业重镇特鲁瓦，未加工的小麦价格在一年内上涨了230%，面包涨价也超过40%。很多城镇的民众饥寒交迫，骚乱频发。

1788年8月中旬，法王路易十六被迫同意召开三级会议。他想召集各个阶层，商讨自己如何增税的问题。启动这种古老的协商模式，只是为了解决财政危机而迫不得已。

三级会议原本与英国大宪章时代贵族与国王之间的协商会议类似，但是法国内部矛盾重重，国王长期不召开三级会议，对各个阶层的诉求置之不理。所以，与英格兰长久的和平传统不同，法国内部矛盾激化，几方力量很难像英格兰人那样较为理性地达成共识。

于是，法国大革命爆发，路易十六被砍头，各个党派殊死搏斗，直到军事天才拿破仑·波拿巴登上历史舞台，才暂时结束了混乱局面。

本书考察的重点是农业，那么法国大革命给法国的农业带来了什么变化吗？变化确实很大，但似乎又什么都没有改变。

由于广大民众痛恨法国等级森严、层层剥削的封建制度，所以大革命中的各派势力基本上都致力于摧毁封建制度，取消封建特权，并把土地分配给农民。比如1793年雅各宾派掌权后，迅速颁布了三个土地法令。6月3日法令规定：把逃亡者的土地分成小块出售，并允许贫农在10年内分期偿付地价。6月10日法令规定：按人口平均分配农村公社的公有土地。7月17日法令规定：宣布无偿废除一切封建权利和义务，销毁一切封建契约，隐藏文契者将被判处监禁。此后虽然雅各宾派倒台，但是让农民获得土地的政策基本上得到了延续。

大革命之后，法国的农民是很乐于获得土地的，正如托克维尔所描述的那样，"看一看我引用的文件中对农民的刻画吧，他们是如此热爱土地，以至于用自己所有的积蓄去购买土地，并且不惜任何代价。……他最终拥有了这块土地；他将自己的心和种子一起种到了地里"。

经过法国大革命的风雨之后，法国的农民获得了更多土地，这是很大的改变。但不变的是，他们仍然是小农，每个家庭拥有的土地是很少的，法国的农业仍然是小农经济为主体，靠小农经济是不能过渡到英格兰所发生的农业革命的。

当时法国也有一些贵族和资产阶级以收购的方式获得大量的土地。对比19世纪初期英国和法国资产阶级掌握的耕地规模，我们会惊讶地发现：通过圈地运动，英国的资产阶级获得了600万英亩左右的耕地，占当时英国全部3200万英亩耕地的18.75%；而法国的资产阶级一方面拥有相当数量的耕地，另一方面通过大革命期间竞拍土地，又购置了很多耕地，他们拥有的土地占法国全部耕地的30%。也就是说，19世纪初期的法国农业与英国农业相比，耕地集中程度并不弱。

那么，这些法国大片耕地的拥有者，他们是否有动力像英国的租地农场主那样，采取规模化的经营方式呢？答案是否定的。那些地主贵族和资产阶级没有英国农场主扩大农场经营规模的热情，他们所做的事情是把自己的大块农田分割成小块，出租给小农耕种，以分成地租的方式运营，这一幕简直和法国大革命前毫无差别，什么都没有改变！

我们不能苛责这些贵族和资产阶级没有见识，真正的原因在于，法国农业生产的不确定性仍然存在。法国仍然持续受到欧陆国际环境的侵扰，同时法国国内各个派系之间你死我活的争斗，必然干扰包括农业在内的各个行业的持续稳定发展。在粮食风险这个根本因素和其他派生因素的共同作用下，规模化经营土地以求盈利是不可持续的，因此，当时任何一个理性的土地所有者，都不会考虑太长远的发展，而是关注短期的收益。于是面对自己手中的大块农田，他们并不热衷于前期投入大量资金改良土地，采用先进的耕作技术等英国式的农业经营方式，而是把农田分割出租，每年坐收分成地租，追求落袋为安，尽量降低风险。在1862—1892年间，法国平均每个农场经营规模由12.5公顷减少到11公顷。占地不足5公顷的小农户有400万个，小农经营在农业中占绝对优势。

19世纪后期，在法国农业领域曾经做过一次长期数据的对比，结果发现：1835年法国土地纳税份数是1089万份；1842年土地纳税份数是1151万份；到了1858年，土地纳税份数增加到了1312万份。这说明，尽管大革命使得农民拥有的土地增加了，但是大革命后法国的农田不仅没有走向集中，走向大规模生产和专业化种植，反而变得更加分散了。小农经济特征不仅没有消失，反而更加显著！

"如果13世纪的农民来参观我们今日的农庄，也不会感到很大震惊。"这是19世纪50年代一位法国学者的感叹，他发现法国农民几百年来的农业生产工具几乎没有什么改变。道理其实很简单，小农们的资本有限，好的只能勉强糊口，差的举家借债，根本没有能力购买先进的农业生产工具。而且，众多分散的小块农田也不利于机械的使用和推广。比如，收割机19世纪60年代开始在巴黎地区使用，但是在19世纪90年代以前，法国的绝大部分地区并没有使用收割机。1887年全法国仅有3.5万台收割机，这个数据与前面提到的千万级别的土地纳税份数相比，实在是微不足道。

总之，在19世纪的大部分时间里，英国和法国的农业继续着它们不同的道路，前者保持着大规模土地经营方式，后者继续着小块土地经营方式。1873年，英国五分之四的耕地已经集中在大约7000名地主的手中，即使普通的土地经营者，每个家庭拥有的耕地面积也十分可观，以至于当时的英国人根本不理解法国的小农是什么含义。1882年，法国567万个土地经营者中，经营1～10公顷的小农户为46.5%，经营不足1公顷的极小农户为38.2%。这些小农户直接耕种土地，租地经营的农场主只是极少数。

针对法国农民的状况，马克思指出：

法国农民现在贫困的原因，正是他们的小块土地、地产的分散，即被拿破仑在法国固定下来的所有制形式。这正是使法国封建农民成为小块土地的所有主，而使拿破仑成为皇帝的物质条件。只经过两代就足以产生这样不可避免的结果：农业日益恶化，农民负债日益增加。[1]

① 《路易·波拿巴的雾月十八日》，写于1851年年底到1852年年初。

为什么仅仅相隔一个英吉利海峡，或者按照法国人的叫法——拉芒什海峡，两国的农业发展就天差地别？

说到底，法国农业生产的不确定性高，加上频繁地受到国内和国际动荡局势的干扰，地处欧陆的法国并没有享有英格兰那样的长久和平，因此，不论是在法国大革命之前还是法国大革命之后的相当长的时间里，隔着英吉利海峡，法国和英国仍然是两个世界，前者仍在现代世界的门口徘徊不前，后者则在现代世界的沃野中驰骋已久。

面对现代世界的"使命召唤"，西班牙和法兰西都难堪大任，而欧陆中部和东部的那些国家——德意志诸国、波兰—立陶宛乃至庞大的俄罗斯，在气候上以温带大陆性气候为主，且更靠近内陆地区，其农业的不确定性远比温带海洋性气候区更高；加之彼此之间的纷争也更为频繁，因此距离现代世界的大门就更为遥远。

真正堪与英格兰相比拟的欧陆区域，是一个意料之外却又在情理之中的地方——尼德兰。

"尼德兰（Netherland）"的含义是低地、低地国家，范围包括今天欧洲的荷兰、比利时以及法国北部的一片低洼地区，很多地方的海拔高度还不足一米，甚至有些地方要低于海平面。从气候上看，尼德兰地区与不列颠岛、法国大部分地区是一致的，都属于温带海洋性气候区。但是，从远古到中世纪，尼德兰地区却从来不以农业而闻名，甚至被人们认为是不适合农业发展的地区，原因就在于这里地势低洼，加上位于海边，是莱茵河等河流的入海之处，很容易受到海水侵入和洪水侵袭。特别是几条河流的河口地带，放眼望去一片沼泽，充满危险，人烟稀少。根据当地的编年史记载，在12世纪，1135年、1156年、1164年、1170年、1173年都有洪灾发生。而在整个13世纪，这里共发生了30多次洪水泛滥。只有尼德兰东南部地势稍高的地方，在古代有些可怜的农业。

这样的地区，看上去完全不可能成为英格兰那种和风细雨的农业天堂。但是，尼德兰人民用自己的智慧改变了这一切！

从14世纪开始，人们系统性地在几条河流的河口修筑堤坝，深挖沟渠，形成圩田。他们以泥土和碎石建立巨大的海堤防止泛滥侵入的海水，并填海造田，硬生生地改变了当地的自然环境。解决掉海侵和洪水这个致命的问题后，配合风调雨顺的温带海洋性气候、充沛的灌溉水源、平整肥沃的田地，尼德兰地区的农业脱胎换骨了。

与农业条件改善相伴随的是尼德兰地区的社会变革。当时的尼德兰乡村和城镇中，设有委员会机构，地方贵族有他们的代表，城镇和乡村的社会各阶层也有代表。他们通过协商，讨论并决定诸如堤坝建设、运河开凿之类的事项。这是欧洲古老的三级会议的变种，给尼德兰地区提供了和平协商的传统。

所以，当我们评价近代的尼德兰地区农业时，要区分不同的时期。在14世纪之前，这里的农业生产由于海侵、洪水的影响，处于高风险状态，但当14世纪人们解决了海侵、洪水问题后，这里的农业生产风险大大地降低了。如同在英格兰发生的一样，尼德兰低风险状态的农业生产，决定性地支持了尼德兰地区其他领域的低风险状态，为尼德兰迈向现代世界奠定了基础。

不可否认，尼德兰地区的农业还是有先天不足的一面——可耕地不足，特别是贸易带来城镇人口的大量增长，人地矛盾就更加突出了。《鲁滨孙漂流记》的作者、英国作家笛福曾经讽刺尼德兰地区的农业，说当地出产的粮食"不够用以喂养公鸡和母鸡"，这的确点出了尼德兰地区相对于英格兰的农业短板。

不过，尼德兰人自有解决方案，他们的农业走向了专业化和市场化。尼德兰的农民耕种农田，目的不只是喂饱自己和城镇里的人，而是要以欧洲市场的需求为导向，赚取利润。即使是种植谷物，他们也会种植价值更高的小麦，卖给全欧洲，或者生产小麦面包卖给城镇里有消费能力的中产阶级。从出售高级谷物中赚到钱的农民可以购买从波罗的海进口的便宜黑麦，来补充自己所需的粮食。到17世纪中期，尼德兰地区粮食消费的一大部分靠进口，约占到四分之一或更多。尼德兰农民专注于生产价值较高的农产品，特别是家畜和奶制品。尼德兰的奶制品不仅能满足自己城镇人口的需求，还远销到西班牙和意大利。许多农民还从事园艺，特别是居住在城市边缘地带的人。有些人为酿造业种植大麦和啤酒花，有些人则种植工场所需的经济作物如亚麻、大麻、靛蓝、茜草和菘蓝等。

有趣的是，与当时欧洲其他城市相比，尼德兰的城镇十分干净卫生。这是因为牲畜的粪便是一个有利可图的产业，一些商人专门在夜间收集城镇马路上的畜粪鸽粪，卖给需要肥料的农民。那些农民因为专业化的种植，对于肥料也有很强烈的需求。

一旦农业生产具有了确定性，粮价稳定的效应层层传递，尼德兰地区就有了专心对外贸易的底气。打开欧洲地图，我们可以很容易地看出，如果从西南欧葡萄牙南端海岸到北欧波罗的海东海岸画一条弧线，尼德兰刚好处于这条海岸大弧线的中间点，再加上本身河网密布，有莱茵河等河流通往欧洲内陆，尼德兰对外贸易的地理优势一目了然。

尼德兰对外贸易的强大，从一组船只数据可见一斑。松德海峡是北欧的丹麦西兰岛和瑞典斯科纳之间的一条海峡，在1429—1857年间，丹麦王国占据了海峡两岸，并向一切过往船只收通行税，因此留下了宝贵的通航信息。根据记载，1497年，通过松德海峡的尼德兰船只数量是567艘，1597年是3908艘，1697年超过了4000艘！到18世纪中叶，尼德兰的船只数量有所下降，但仍然在2000艘以上。波罗的海地区的贸易是尼德兰对外贸易的重点，进口主要集中在谷物和木材上，附带进口海军补给品、亚麻和大麻。

就这样，凭借自身农业的专业化和市场化，以及强大的海路运输能力，尼德兰人不仅养活了自己，甚至养活了半个欧洲。即使是嘲讽尼德兰的作家笛福也不得不叹服，说尼德兰人是"世界的运货人、贸易的中间人和欧洲的经纪人"。

正如我们在前述案例中提到的那样，除了自身的农业生产条件，外部地缘环境也是影响一国发展道路的重要风险因素。从地缘环境这个因素上看，尼德兰要略优于法兰西，而明显弱于英格兰。

尼德兰地区河网密布，利于通过水路进行广泛的贸易，却不利于大型军队的快速展开，不利于形成中央集权的政治体系。在尼德兰地区长长短短的河流上，人们可以方便地扬帆航行。1200年，也就是尼德兰的拦海大坝事业尚未起步时，尼德兰北部的沿海地区还是荒无人烟的偏远之地。而不到一百年的时间，尼德兰北部已经遍布贸易城镇。当时，荷兰、泽兰、乌特勒支、佛兰德斯、弗里斯兰、格罗宁根等许多城市被堤岸、水坝、开垦地以及沿着河流围筑起的高地包围和保护，人口、财富向这些城市集中，尼德兰地区一片欣欣向荣的景象。

这些城市有着强烈的自治传统，就如同英格兰的伦敦那样。尼德兰贵族的社会地位远远不如欧陆其他地区的贵族，因为他们没有大片的农田和大量的农民，难以通过地租获得收入，以维持自己的统治。他们需要从自己控制的有限的贸易城镇中获得收入，那就要更多地向城镇的商人、手工业者让渡权利，允许他们享有充分的自主权，赚到财富，贵族才会有可观的收入。任何一个横征暴敛的贵族，会立刻让自己控制的城镇衰落。在一个四周开放、四面环水的地区，贵族的臣民若有不满可以驾船离去，到附近城市开始新的生活；商人、手工业者可以轻易地搬家，继续他们的事业，并向那里的贵族纳税。于是，尼德兰的这些小贵族不得不小心翼翼地和自己的臣民相处，生怕他们跑到别的城镇去。

在这一点上，不论法国、西班牙还是中欧、东欧都不一样，那里的贵族都更为强势，因为被欺压的农民会发现，即使他们能够跑到旁边的城邦去，仍然要面对另一个横征暴敛的贵族，没有什么本质区别，他们依然要受到分成地租和无休止的徭役的压迫。尼德兰地区则完全不同，在给予城镇居民自主权方面，这里甚至比英格兰做得还要出色。尼德兰的贵族们为了满足城市商人、手工业者的要求，更直白地说是为了让后者给自己支付赋税，逐渐卖掉了自己的许多特权，并在文书上签字画押，把文书放入保险箱里，把保险箱放到市政厅的商业楼内保管。

所以，单就尼德兰内部来说，长期以来形成了类似于英格兰的那种传统的和平秩序。不过，尼德兰毕竟还处于欧陆，国际局势的影响是尼德兰无法回避的痛点。

相比于欧陆其他地区，尼德兰算是一块易守难攻之地。密集的河网加上坚固的城墙，足以保证尼德兰的大量城镇能抵御强度不高的攻击。翻看史书，尼德兰地区从西班牙帝国的统治下发动起义独立的过程中，强大的西班牙曾经多次派遣大军攻入尼德兰，一个城镇一个城镇地攻打，战争打得十分胶着，衬托出尼德兰地区有着相当强的防御能力。

1672年，尼德兰几乎遭受了一次灭国之战。法国联合一些德意志城邦，组成了12万人的陆军入侵尼德兰，同时由上百艘战舰、3.4万名水手组成的英法联合舰队封锁了海路。在空前的军事压力下，阿姆斯特丹的金融市场出现了大崩盘，全欧洲都以为尼德兰要被消灭了。但是，尼德兰人在威廉亲王的带领下，不惜挖开拦海大坝，上演了水淹七军的欧洲版好戏，重创入侵者。此时老天也开眼，突然变暖的天气融化了水系冰面，帮助尼德兰人增加了天然的屏障。第二年陆路入侵者被赶出国境。又过了一年，英格兰与尼德兰签订和约。尼德兰保住了。

如果尼德兰和不列颠一样，有海峡与欧陆相隔，那么其防御能力将会更佳，尼德兰将有条件像英格兰那样，"遗世独立"，从而更好地向着现代世界狂飙。可惜尼德兰在欧陆，始终无法消减外部的影响，特别是它距离欧陆第一霸主法国太近了。

在整个18世纪，对于尼德兰来说，法国是比英国更好的"顾客"或者说金主，尼德兰的贸易很大一部分依赖于法国，因此从经济和军事两方面来说，法国给尼德兰带来了持续的外部影响。在这个世纪中，每当尼德兰与法国出现冲突时，法国立刻威胁增加关税、禁止进口尼德兰商品，以经济手段报复尼德兰，并以军事相威胁。尼德兰只能屡屡选择妥协，并在国际关系中尽量站在法国一方，疏远英国。被激怒的英国与尼德兰之间爆发了三次战争。不那么严格地说，我们可以认为两者的战争是迈入和准迈入现代世界的两个国家的冲突。

冲突的结果是尼德兰地区相对衰落了。就拿1781年来说，当年正值尼德兰与英格兰的战争期间，通过松德海峡的尼德兰船只数量锐减到11艘。战争结束后，贸易量有所恢复，但是也达不到先前规模的一半。尼德兰远洋贸易的衰落是其经济整体衰落的缩影。究其根本，尼德兰近代后

图40　英荷海战

英国和荷兰（尼德兰王国的别称）两个国家性质接近，都是在自身和平秩序上发展起来的商业强国。但是，小小的荷兰，经不起一次又一次的战争巨浪。

期的衰落，就是因为它虽然自身条件好，但是体量太小，不足以抵抗恶劣的地缘环境带来的风险。

　　长560千米、最窄处仅有34千米的英吉利海峡，就这样隔开了现代世界的诞生地英格兰和不得其门而入的广袤的欧亚大陆。这条海峡见证了西班牙无敌舰队的折戟沉沙，见证了拿破仑舰队的灰飞烟灭，见证了尼德兰舰队的帆起帆落……

　　面对欧陆的困境，初生的现代世界获得了伸张其力量的历史机遇。

第三节

新英格兰：现代世界的扩张

图41 《五月花号公约》签署想象图

　　五大湖与北大西洋暖流为新
英格兰殖民地带来了稳定的农业
生产，造就了稳固的和平秩序，
使得来自英格兰的自治传统在新
大陆上落地生根。

……为了上帝的荣耀，为了吾王与基督信仰和荣誉的增进，吾等越海扬帆，以在弗吉尼亚北部开拓最初之殖民地，因此在上帝面前共同庄严立誓签约，自愿结为一民众自治团体。为使上述目的得以顺利进行、维持并发展，亦为将来能随时制定和实施有益于本殖民地总体利益的一应公正法律、法规、条令、宪章与公职，吾等全体保证遵守与服从。

上面这段话，正是大名鼎鼎的《五月花号公约》的主要部分。

1620年9月，102名乘客乘坐"五月花号"帆船从英国起航，他们的目的地是北美大陆弗吉尼亚的英属殖民地。但是，他们在海上遭遇强风阻挠，偏离了航向，帆船被刮到了马萨诸塞海湾科德角半岛附近。在上岸之前，41名男性户主和单身男子共同签署了《五月花号公约》，组成了一个自治的团体。

400年来，无数的学者分析这份公约，赞美其中蕴含的平等、公正的原则，认为它表现了对于封建王权和宗教压迫的反抗精神，将它视为接下来美国建立和繁盛的第一块基石。正是这份公约把当时英格兰社会和平传统下的自治习俗带到了新大陆。

在旧大陆的绝大部分历史上，当一群人决定建立一个政治团体时，剧情一般是很老套的。他们会从团体成员中推举一个位高权重的人来担任统治者，比如他有贵族的血统，或者德高望重，或者孔武有力。人们把权力交到这类人的手中，他就会组建起自己的统治阶层和机构，管理广大的臣民。直到政权在这个人或者其后继者手中搞得一团糟，团体动荡失序，城头变幻大王旗，另一位强人登场取而代之，团体再次走向集权、恢复秩序。

为什么"五月花号"上以清教徒为主体的男性自由民们选择了平等的自治方式，而不是推举出一位统治者来管理他们？这首先是源于英格兰和平传统下的自治习俗。英格兰当然是有国王的，这些在海上漂泊的清教徒也不是什么"乱臣贼子"，他们也接受国家应该有一位国王的观念。但是从大宪章时代以来，议会与国王的博弈已经持续了约400年，英国已经形成了王在议会的政治传统，议会这种自治形式以及其对于王权既支持又制衡的关系，早已成为英格兰民众的共识。"五月花号"上的自由民们也继承了这种共识，而且由于英国国王对于清教徒的迫害，使他们制衡王权的意识更加强烈。

当然，他们中的主流还是希望以和平的方式来制衡王权或者其他形式的统治者。《五月花号公约》的签署者们对于封建王权的反抗意识，其实并不像昔日学者们所赞颂的那么强烈。这些签署者遵循的是英格兰的古老习俗而已。在这种源于和平生活的习俗中，臣民与国王的关系并不是一种激烈的对抗，臣民对于国王权威固然有反抗的一面，同样有支持的另一面。在当时的处境下，"五月花号"已经无法到达英属殖民地，只能登岸建立一处新殖民地，而这个新殖民地超出了英格兰国王和政府的保护范围。他们需要决定如何保护自己和生存发展，谁有资格来管理团体，如何来制衡这个统治者或统治阶层，这都是有着英格兰传统习俗的自由民的正常思考，如此而已。

本书从粮食风险的角度解释现代世界的诞生，因此我们看待《五月花号公约》的视角是不同的。我们不否认它继承了英格兰的自治习俗，但是"橘生淮南则为橘，生于淮北则为枳"，这种继承并不必然成立。如果说《五月花号公约》的签署者们和他们的英格兰老乡有什么不同的话，那就是：英格兰和平传统下的自治习俗来自当地农业的低风险状态，或者说，英格兰农业的低风险状态孕育和保障了这种习俗；而"五月花号"上的自由民们固然从英格兰的和平传统中继承了这种自治习俗，但是离开了英格兰故土，它是否能够在新殖民地稳固地存在下去，仍然是一个大大的疑问。

显而易见，假如这些自由民在新大陆无法获得英格兰那样的农业低风险状态，那么他们也将丢掉从英格兰和平传统中继承而来的自治习俗！

接下来的问题就是，他们能否在北美新大陆获得这种农业低风险状态。

"五月花号"上的自由民们登上北美大陆，建立了普利茅斯殖民地。10年之后，大批清教徒乘坐"阿贝拉号"前来，再迁徙到波士顿，建立了当时北美最大的英属殖民地。他们活动的这片区域，就被称为新英格兰。

新英格兰地区总体上处于温带大陆性气候的控制下，但是与亚洲大陆冬季较为严酷的温带大陆性气候区不同的是，新英格兰东临大西洋，北邻五大湖区，巨大的水体有助于气候稳定。更为有利的因素是，来自南方的墨西哥湾暖流从北美大陆的东海岸一路北上，给新英格兰地区带来温暖和湿润，因此新英格兰地区虽然以冬季降雪多而闻名，但是其冬季的极端严寒十分罕见。总之，比起温带海洋性气候的英格兰本土或是尼德兰、法国，新英格兰地区的农业条件可能会稍逊一筹，但仍然是一个有利于农业生产，尤其是粮食风险不高的区域。

影响一个区域风险状况的另一个关键因素，是周边环境的稳定性，或者说，是地缘安全。在这方面，欧洲移民的主要对手是北美的印第安人部落。早期由于身为移民的人口劣势，殖民者要保持高度的警惕，以应对印第安人部落的进攻。随着移民人口的迅速增加，加上武器装备上的绝对优势，北美印第安人对于新英格兰殖民地的威胁越来越小；相反，移民对于印第安人部落的威胁越来越大。总之，在周边环境方面，新英格兰是一块低风险的区域，移民基本上可以从容地开展他们的农业生产。

对新英格兰移民来说，也许最有利的农业条件就是无边无际的可耕地，只要想开垦，他们就拥有几乎"无限量"的土地！印第安原住民本来就不多，而且由于欧洲殖民者带来的旧大陆疾病的侵袭，又遭受了人口大幅度下降的打击。因此，新英格兰移民的词典中没有土地不够用的概念，他们长期缺乏的是劳动力。印第安人虽然有一定的农业，但是仍处于刀耕火种的阶段，缺乏铁器和大型牲畜，开垦能力十分有限，他们能够利用的土地也十分有限。反之，新英格兰移民有先进的农业工具和大型牲畜，可以大量开垦印第安人无法开垦的荒地。我们甚至可以这样评价，美利坚这片土地，从"五月花号"靠岸到今日的400年中，从来不存在旧大陆那种人多地少的矛盾。

新英格兰地区的农业正是从"五月花号"移民登陆的普利茅斯开始的。他们先是跟印第安人学会了玉米种植，并将玉米作为主要的食物，然后很快就开始种植适合当地气候的豌豆、燕麦等。由于移民带来了英格兰的先进农业技术，普利茅斯的农业不仅很快就能够自给自足，而且有了粮食剩余。记录显示，17世纪30年代普利茅斯的粮食就开始在波士顿市场上销售了，新英格兰的剩余粮食甚至能远销弗吉尼亚殖民地，使当地避免了因为季节性粮食短缺而陷入困境。

此外，新英格兰移民还与印第安人进行贸易，获得宝贵的粮食。比如根据记载，在1630年，马萨诸塞的移民从居住在鳕鱼角的印第安人手中获得100蒲式耳的粮食；1634年，他们从一个叫作那诺克瑞斯的地方购买500蒲式耳的粮食。虽然这种贸易对于新英格兰的长期农业发展没有多少影响，但对于正在不断渡海而来的新移民来说，这些剩余粮食的意义是非常大的。

到了17世纪40年代，新英格兰地区的农业更上一层楼，尤其是康涅狄格的农业大规模发展起来，成为新英格兰地区最重要的粮食输出地，出口的粮食先通过港口运输到波士顿，再从波士顿运往更远的市场，比如西印度群岛、南欧以及英国本土。其中西印度群岛是新英格兰粮食最重要的出口地，那里的岛屿以甘蔗种植园为主要经济模式，种植业很单一，需要进口粮食。1644年，一位叫约翰的伦敦商人装运了3000蒲式耳的豌豆、小麦和玉米，另一位叫道尔森的伦敦商人装运了7000蒲式耳的粮食，和其他几艘运粮船一起，驶向了西印度群岛。实际上，整个北大西洋沿岸乃至地中海地区都是新英格兰粮食的输出地。同一年，波士顿一位叫霍普的商人就把大量散装的小麦用船只运往大西洋中的加那利群岛，而他绝不是唯一从事这桩生意的商人，至少还有六艘船也运送粮食到该岛去。

但是到了1675年以后，新英格兰的粮食出口开始受到了挑战，新的竞争者来自北美其他的英国殖民地，这些地区也大量出口粮食到西印度群岛、纽芬兰岛和南欧。这恰恰说明了整个北美的英国殖民地粮食剩余的充足和稳定。

与其他大农场为主的殖民地农业相比，新英格兰农业有个特点，由于这里的殖民地是清教徒移民建立的，基于宗教信仰的原因，这些清教徒往往把土地分割成以家庭为单位的小块（其实相对于欧洲的农民来说，他们的土地面积并不小），农业生产主要按家庭组织，因此农业的规模化程度并不算高。其他一些殖民地的农业却没有这个问题，规模化程度更高。

新英格兰地区的迅速崛起与兴旺并不只是体现在纯粹的农作物种植上，畜牧业和渔业也是这个地区值得大书一笔的亮点。

众所周知，美洲缺乏可驯化的大型动物，因此印第安人并没有能够驯化任何大型牲畜，这算是他们发展农业的一个先天性缺陷。但是欧洲殖民者完全不同，他们能够从母国引进各种大型牲畜，改善自己的生产和生活状态。早在1627年，普利茅斯殖民地饲养的家畜就已经达到了15种。17世纪30年代，几乎每一艘前往美洲的移民船上，都装载着各种各样的家畜。

新英格兰地区虽然冬季较为漫长，但随处可见茂密的草场，极端严寒十分罕见，没有黑灾白灾[①]，具有发展畜牧业的天然优势，因此殖民地的畜牧业发展非常迅速，很快就不仅可以满足自己的需要，还有大量的剩余牲畜。移民们发愁的问题是，大量的猪肉、牛肉如何销售出去。

与粮食类似，新英格兰的猪肉、牛肉也主要销往西印度群岛，从那里换回货币和蔗糖。另外，肉类制品是大航

① 在季风气候的影响下，亚洲大草原上经常会出现降雪过少引发干旱或者降雪过多导致极端严寒的天气状况，两者都会造成牲畜大面积死亡，所以被称为"黑灾白灾"。

海时代海员们喜爱的食物之一，经过腌制的肉类便于长期储存，给海员提供宝贵的营养。很快，新英格兰的肉类制品就风靡纽芬兰岛、英国本土以及南欧地区。

至于新英格兰地区的渔业发展，要比畜牧业更胜一筹，大西洋沿岸特别是纽芬兰岛附近是世界上最好的捕鱼场所之一。以当时的捕鱼技术，纽芬兰渔场的资源几乎是无穷无尽的，因此新英格兰捕鱼业根本不存在产出风险。在1600年以前，就曾有150艘法国船、100艘西班牙船、50艘葡萄牙船和200艘英国船定期在这一带沿岸进行捕鱼。1587年，纽芬兰岛被英格兰海军攻占，这为新英格兰地区的渔业铺平了道路。我们甚至可以这样说，当时的英格兰之所以促进移民在新英格兰地区建立殖民地，丰富的渔业资源是很重要的动因。由于斋戒期间的饮食限制吃肉，不被限制的鱼是当时欧洲基督教信众十分喜爱的食物，并被视为圣洁的食物，鱼在基督教信众心目中的地位很高。当清教徒们向英格兰国王詹姆斯一世请求准许他们移民美洲时，詹姆斯一世问移居那边有什么好处，清教徒们立刻回复说：那里有丰富的鱼。这真是一个非常有说服力的理由！

不过在最初的十几年中，殖民地的捕鱼业是被母国的商人垄断的。伦敦等地的商人在这里捕鱼，然后将其销往欧洲市场，新英格兰移民当时只是为这些捕鱼商人提供一些食物，并未参与其中。当17世纪40年代来临，把查理一世送上断头台的英格兰内战爆发，英国商人大受影响，新英格兰移民们获得了发展的良机，一举控制了本地的捕鱼业。1665年，新英格兰移民有600艘以上的船和4000多人在从事捕鱼业；到了1671年，仅鳕鱼的出口量就达到600万磅。新英格兰捕鱼商们还与伦敦的商人们合作，把鱼类卖给后者，由后者再转卖到南欧或者大西洋一些种植园密布的岛屿上，交换甜酒等商品。

种植业、畜牧业和捕鱼业的发展，给了新英格兰殖民地发展其他行业的底气。早在1648年，殖民地著名领袖约翰·温斯罗普就创办了美洲的第一家铁厂。在殖民地发展的初期，家庭手工业已经广泛开展，主妇们加工羊毛和棉花做成衣服，熏腌肉食，制作咸菜。他们自己制造肥皂和酿造啤酒。制作鞋子和工作服的皮革，也是在农庄里生产和加工的。农民们从自己的林区采伐林木建造房屋，用硬木做成工具和家具。随着这些产品向外部市场销售，逐渐出现了脱离土地的专业生产者，其中最先出现的是皮帽制造业。1671年进行的人口调查显示，许多新英格兰殖民地居民都有专门的职业，其中包括外科医生、织布工、枪炮匠、细木匠、泥瓦匠、木匠、裁缝和工具制造者等。虽然这只是以副业的形式出现，却导致了本地工业产出逐渐替代英国进口工业品。

新英格兰殖民地在制造业方面最令人惊叹的是造船业。最初，移民制造船只，用于自己捕鱼。然后，他们开始制造远洋船只，用于和西印度群岛做海洋贸易。1624年，普利茅斯殖民地的工匠就曾建造了两艘轻舟和一艘驳船。从

17世纪70年代开始，新英格兰殖民地已经可以建造30吨以上的船只。到了18世纪中叶，新英格兰地区每年有70艘新船下水，导致母国的伦敦造船商开始叫苦说，由于美洲的竞争，他们的买卖衰落了，工人都跑到美洲去赚钱了，自己已经无利可图。有一些造船厂已经迁到了新英格兰，主要是因为相比伦敦地区，新英格兰有丰富的造船材料和庞大的市场，而且在技术和薪水方面同样不逊色于英国本土。1769年，马萨诸塞地区建造了137艘船，总吨位超过了8000吨。在那一年中，整个大西洋海岸造船总量的60%都来自新英格兰。

从广义上来说，不论是粮食种植业，还是畜牧业或者捕鱼业，都可以视为农业的范畴。除了刚刚登陆北美的前几年困难时期，新英格兰殖民地始终沐浴在农业低风险的阳光下，其农业不仅能够自给自足，还有很大比例的剩余，可以向远方销售。建立在低风险农业基础上的新英格兰各行各业，也就兴旺发达起来。

游历美国的托克维尔，就曾经对美国的农业惊讶不已：

美国的农业种植者，几乎都实行农业和商业的联营。他们中的大多数人都将农业做成了一种商业。美国的农业种植者，很少死守一块地。在西部的一些新州尤其如此。那里的人开垦一块土地不是为了供自己种植，而是为了卖出去。要建造一座农场，是因为预见到随着居民的增加，当地形势会发生改变，可能会将农场卖个好价钱。

　　每年都有大批北方人涌入南方，在盛产棉花和甘蔗的地方落脚。这些人来南方种地，是为了用几年的时间使自己发家致富。他们憧憬着衣锦还乡的时刻，在故土享受着由此而来的宽裕生活。因此，美国人将商业精神带入了农业，他们对实业的热情不仅反映在别处，也反映在农业当中。

　　其实，让托克维尔惊讶的这些美国农业面貌，不正是从他的母国法兰西旁边的不列颠岛上兴起的吗？

　　英格兰的现代世界"种子"，在新英格兰生根发芽，然后以新英格兰为根基，席卷整个北美大陆。一个源自不列颠岛但是比不列颠岛大几十倍的现代世界正在形成，它就是美国。

　　由于长期缺乏劳动力而不是土地和资本，美国的农业从一开始就注重节约劳动力的技术和设备，一旦欧洲出现农业新技术，美国的农民就会立即学习，看看能否用于北美的耕地上。于是，当时欧亚大陆上靠大量人力投入、精耕细作的良田也许在单位面积粮食产出上会高于美国，但是由于美国农业的机械化程度更高，因此每个农民的人均粮食产出远高于欧亚大陆，他们的收益和利润当然也是后者无法比拟的。

　　美国农业的西进，最大的障碍其实是运输能力。不论是从新英格兰还是纽约地区向西走，都要遇到阿巴拉契亚山的阻挡。美国人的解决方案是修建运河，其中最有名的运河工程就是伊利运河。该工程最初由工程师罗伯特·富尔顿提出，设想沿着莫霍克河，从纽约上溯到伊利湖。这条运河从1817年7月动工，两年后中段工程竣工，开始注水，1820年开始征收运河使用费。1825年，伊利运河全线竣工，堪称当时美国的工程奇迹。它全长584千米，从伊利湖到哈德孙河，经过了83道水闸、18座渡槽，落差达170米。伊利运河的使用费设定为每英里4美分，等于是一夜之间将相同距离的货运成本降低了90%！运河开通的第一年，就向在伊利运河里航行的7000艘船征收了使用费，仅仅12年的时间，伊利运河的所有欠债就全部还清。不用说，大部分的船只是运输粮食的，美国当时是一个农业大国。

当时一位运河上的旅客这样赞叹："站在运河无数大桥上的任何一个地方，你都会看到令人无法忘怀的景象，在运河上下两个方向目力所及的范围内，都可以看到长长的船队。到了夜晚，船头闪烁的灯光就像是一大群萤火虫在飞舞。"

伊利运河低廉的运输费用，激发了美国中西部地区农业的大发展，那里产出的小麦、玉米和燕麦汹涌地冲出当地，冲向美国东海岸，再漂洋过海冲向欧洲乃至全世界。反过来，全世界的先进技术和产品，以及大量的移民方便迅捷地涌向了美国中西部。

以伊利运河通航为分界点，19世纪的前25年，美国每年的经济平均增速为2.8%；而从1825年到1850年间，美国每年的经济平均增速为4.8%，这是美国历史上经济增长最快的时期。

就在运河时代鼎盛之时，美国又开启了铁路时代。由于国土广阔，美国发展铁路比英国更有优势，美国的技术倡导者们迅速把握了这个全新运输方式的发展机遇。到1840年为止，美国的铁路建设总长度不仅把英国甩在后面，甚至超过了全欧洲的总长度，并且在整个19世纪的大多数时间里继续保持着这种势头。铁路时代的繁盛，使美国的农民享受到了更低运输成本带来的利益。

当然，美国是一个几乎占据了整块北美大陆的国家，新英格兰是美国的发源地，也是美国早期的经济文化中心，但不是美国的全部。在美国历史研究中，一向有"南方北方"两个美国的说法，以新英格兰为核心的美国叙事主要代表了北方美国的历程。这一高歌猛进的叙事广为流传，在很大程度上遮蔽了南方美国的历史。

作为一个移民国家，美国缺少世袭的封建贵族势力，土地广阔而人烟稀少，因此土地分配以自耕农占有小规模土地的方式为主，这种占有方式在新英格兰和中西部的众多地方都是主流，而且非常稳固，持续的高剩余农业生产有力地支持了新英格兰和中西部地区的工商业繁荣。但是，当我们将视线投向南方，这种情况发生了变化。

南方各州由于地理位置更靠近赤道，也缺少了西部群山遮挡太平洋上ENSO①气候循环的影响力，因此这里的气候不够稳定，农业风险上升。我们在前面英格兰与欧亚大

① ENSO，厄尔尼诺与南方涛动的合称，它是发生于赤道东太平洋地区的风场和海面温度的准周期性震荡，是全球气候短期变化的主要原动力。

陆的情况分析中已经说明，农业风险对于农产品自身的盈利和工商业的发展，都构成一种障碍。棉花贸易的国际大潮带来了盈利机会，对适合种植棉花的南方各州构成了巨大的吸引力，而农业生产不稳定的天然局限，使得南方各州像英格兰租地农场那样依靠雇佣劳动去盈利是不可能的。因此，就像东欧在粮食贸易的刺激下搞二次农奴制一样，南方各州在棉花贸易的刺激下搞起了种植园奴隶制。

作为一个联邦制国家，美国有着强大的各州自治传统，或者说各州有独立性。早期的联邦权力相对弱小，没有能力干预各州的地方制度，南方各州的奴隶制就这样壮大起来了。南方的奴隶主靠着剥削奴隶劳动而发了大财，但是相比于北方，南方的工商业发展是严重滞后的。

南北双方不同的政治经济历程造成了文化心理上的隔阂，随之而来的利益冲突更加推动了双方矛盾的白热化。内战前夕的南北双方，实际上形成了一个落后农业国VS先进工业国的斗争格局。

这种落后与先进之间的差距有多大呢？

经过独立以来70多年的发展，北方各州的农业人口比例已经跌至40%，而南方各州的农业人口依然高达80%。在北方，尤其是新英格兰地区人民的受教育水平也是领先于南方的。南方的人均GDP和人口都只有北方的一半左右，南北双方的工商业力量就更为悬殊。

根据19世纪50年代（内战前夕）的全美统计数据，北方财产占全美总财产的70%，北方银行资产占全美银行总资产的80%。北方仅三个州（马萨诸塞、纽约和宾夕法尼亚）的制造业产出就占全美制造业产出的54%。

总之，双方的力量是完全不对等的。内战中的北军名将谢尔曼在战前（1860年）写给南方友人的信中这样说：

> 北方各州有能力开发蒸汽机、机动车和铁道机车，而你们连一尺布或者一双鞋都造不出来。你们将和这个地球上拥有最强大的军力、最先进的机械和最强意志力的人展开战斗——敌人已经站在了你们的家门口。你们注定失败。你们做好准备的只有精神和决心。在其他所有方面，你们都完全没有做好准备。

由于长期生活在和平秩序之下，南北双方的军事动员程度都非常有限，因此，在战争初期，南北双方都未能充分发挥其军事潜力，北方对南方的种种优势没有充分体现在战场上。但是，随着战争动员的持续展开，在北方的绝对实力面前，南方确实如谢尔曼所说，是注定失败的。

战败后的南方失去了政治经济体制的自主权，实质上成为北方的殖民地。但是，这无法改变南方农业生产的高风险状况，在奴隶制度被北方武力强制废除后，就像欧洲大陆在农奴制解体后由劳役租改为实物分成地租那样，南方各州也进入了分成地租的时代。

分成地租的政治经济后果，我们已经讨论过了。南方作为美国的一部分，地广人稀是基本情况，因此南方和欧

图42　焚烧亚特兰大

在一场"工业国"对"农业国"的血腥征服中，南方城市亚特兰大在北军谢尔曼将军的命令下被纵火焚烧。图为亚特兰大被战火摧毁的联合车站。

亚大陆上的分成地租发展并不完全等同，但是在分成地租阻碍工商业繁荣这一方面，美国南方和欧亚大陆是完全相同的。南方的工商业在内战前不发达，内战后仍然不发达。1874年，在内战结束将近十年后，一位来自欧洲的访问者弗里德里希·拉采尔（Friedrich Ratzel，1844—1904）这样描述南方的状况：

南方城市的显著特点是……与北方和西部城市截然不同……这个区域的贸易并没有与任何工业化生产活动联系起来。正因如此，除了当地的商业寡头外，这里没有任何值得一提的工业生产家，没有具备熟练技巧的工人，没有一个充满活力的白人工人阶级。小商贩和手艺人并不能取代工人阶级，他们对于创建社会文明和积累社会财富起不到同等重要的作用。因此，这个社会可以说是不完整的，其社会发展只能说是一个半成品，让人们更多地联想起缺乏工业化生产的农业社会的大型城市。从这个角度来说，新奥尔良、莫比尔、萨凡纳和查尔斯顿更像是南美洲的哈瓦那和韦拉克鲁斯，与波士顿或者波特兰相去甚远。

尽管南方是美国的一部分，但是它并没有融入美国突飞猛进的现代化进程当中去，它的长期落后状况，甚至因为北方发达地区对南方人民的吸引力而变得更加糟糕。从发展历程上看，它更像是北方的一块殖民地，而不是一个平等的政治经济伙伴。直到20世纪30年代的罗斯福新政时代，政府不断投入和扶持，南方的状况才开始有所改善，而它追上北方的发展步伐，已经是20世纪80年代的事了，此时美苏冷战也行将结束。可以说，作为最先进现代化国家的一部分，美国南方走过了一条后发殖民地国家的发展道路。

好在，先进的新英格兰地区和邻近的北方各州已经建成了一个强大的工业体系，南方的存在并未干扰美国的兴起，甚至可以说，作为"内部殖民地"，南方也为美国的兴起贡献了人力和资源。"两个美国"的分裂并未颠覆美国作为现代化国家的性质和道路。就整体而言，美国社会的运转依然是良好的。

托克维尔在考察美国后，总结了美国社会之所以运转良好的三个主要因素：其一是自然环境与资源；其二是典章制度，包括政府机构组织与宪政法治；其三是政教习俗。他尤其强调第三点，也就是一个社会共同遵循的价值规范与一般心理习惯，"尽管最幸运的地理环境和最好的法律并不能够维持一种政体，但政教习俗却能够将即使最不利的环境和最糟糕的法律转变为有利的条件"。

　　正如我们在本节前面所描述的，托克维尔将政教习俗作为根本因素来强调并不准确，像英国一样，美国从起步之初，在新英格兰这块天选之地上就幸运地拥有了低风险农业环境，和平秩序由于获得了低风险农业的支持而稳固下来，从而保持了英格兰式的典章制度和政教习俗，避免了旧大陆上各民族的覆辙。如果美国不幸缺失了这块宝地，那么继承而来的英格兰式政教习俗也是无以为继的。

　　美国的崛起，大大扩张了现代世界的地域范围。作为一个放大版的英国，它拥有更加强大的军事和贸易的双重优势，成为更加强大的海盗与商人，为其他国家带来更加强大的激励与损害的双重影响，再一次强化了先发国家与后发国家之间的分流，这两者之间巨大的力量差距带来不公平的国际关系，并由此形成了前所未有的等级制全球秩序，使人类各民族的文明发展呈现出全新面貌。

第四节

中欧大分流：一个假问题

图43 古丝绸之路示意图

从欧陆直到东亚的各个古代文明，都同样受困于不稳定的农业生产，无法建立稳固的和平秩序，彼此之间并不存在实质性的道路分歧。

"大分流"是近年史学界的一个热点词语，它由美国历史学家彭慕兰（Kenneth Pomeranz）在其代表作《大分流：欧洲、中国及现代世界经济的发展》中提出。

　　在这本书中，彭慕兰对比了西欧（主要是英格兰地区）和中国江南地区的方方面面，认为在18世纪以前，东方和西方处在基本相同的发展水平上，西方并没有明显的和独有的内生优势。到了18世纪末19世纪初，东方和西方之间才开始逐渐背离，西方就此走向了现代世界，而近代中国却落在了后面。彭慕兰认为，造成东西方历史分岔的主要原因，一是美洲新大陆的开发，西欧通过获取海外殖民地提供的大量资源和产品，摆脱了本土的生态困境，而中国却没有海外的"供给"；二是英国煤矿具有优越的地理位置，易于开采和运输，由此率先实现向现代工业世界的转型，而中国江南地区难以获得廉价、充沛的燃料，发展受阻。东方和西方这一分道扬镳的历史过程，彭慕兰称为"大分流"。

　　这个历史学新概念的背后，是一个由来已久的思路，那就是在东西方发展历程之间划界。而这个思路对于我们理解现代世界的诞生，以及东方与西方的不同发展轨迹，带来了很大的误导。

如果我们换个角度考察历史就会发现，在所谓的西方，也就是人们通常所说的欧美，只有英国自发地、稳固地走上了现代化道路，其他各国只是前者的跟随者、模仿者。从自发者和跟随者判然分明这个角度来看，真正的文明分流并不在东方和西方之间，毕竟在东方，无论是中国、日本还是印度，或早或晚也跟欧洲大陆国家一样，是现代化道路上的跟随者。大家与英国这个现代化标杆的差异或大或小，追赶的速度或快或慢，但是无论东方、西方，都是在各种竞争压力之下，特别是在英国、美国的深刻影响下，被迫走出中世纪、古代世界，走上了现代化道路。

　　真正的分流，并不是欧洲与世界其他部分的分流，而是英格兰与世界其他部分的分流。历史的分流不是发生在欧亚交界的乌拉尔山—乌拉尔河一线，而是发生在英吉利海峡两侧。

　　如果对此做一个小的补充，那就是，真正的分流首先是英格兰、尼德兰（后来又衰退了）与欧亚大陆其他各国的分流，稍后美国加入现代世界，形成美国、英国与世界其他部分的分流。本章的前几节即是对这一重大历史过程的简要回顾。

　　对于近代中国与欧洲列强之间的巨大差异，中国人有着非常直接的感知，毕竟自鸦片战争以来，清朝与欧洲列强乃至"脱亚入欧"的日本之间的战争每战必败，这是残酷的事实，但对于英吉利海峡两侧的巨大差异，中国人就不那么熟悉了。在此，本书想借用彭慕兰"大分流"中关于燃煤的案例，来揭示英吉利海峡两侧的真正分流。我们的解释与彭慕兰会有很大的不同。

彭慕兰将中国江南地区没能走入现代化，归咎于一个关键性的物品——燃煤。他分析，中国的煤炭资源主要分布在远离江南的地区，比如北方的山西、内蒙古，"大部分位于深处内陆的多山地区，且距江南遥远；若没有现代营造设备和机动车辆，任何提供资金的机制都解决不了运输问题"。他的结论是，缺乏燃煤是江南地区无法突破的最大障碍，因此无法在东方实现英国工业革命的一幕。

同时，彭慕兰还指出，18世纪以及之前一个时期，欧洲也存在着广泛的燃料危机。到了拿破仑时代，木材短缺仍被视为一个全欧洲性的严重危机。在英国，木材价格在1500年到1630年间已经上升了700%。对这个国家的许多地区来说，17世纪是一个能源危机时期。1750年以后，英国的木材、木炭、松脂制品和条形铁（用木炭生产）长期短缺。18世纪50年代进入英国港口的全部货运吨数中，一半以上是木材；杉木的进口从1752年到1792年间又增加了700%。

彭慕兰进而提出，正是美洲新大陆提供的包括木材、糖料、棉花在内的大量资源与产品，使陷入困境的欧洲摆脱了这次燃料危机、生态危机，从而走向了工业革命和现代化，而东方的中国没有新大陆提供资源与产品，因此无力摆脱危机。这就是东西方历史"大分流"的原因。

在彭慕兰的书中，还谈到了尼德兰。这个地区在经济衰退的时候，仍有大量的泥煤资源尚未开采，而且可以用不太昂贵的价格进口煤炭。所以，尼德兰的衰退是多种原因造成的，而不是由于缺乏燃料。

或许是为了强调自己的大分流观点，彭慕兰总结说："如果连泥煤的巨量供应都不能为新经济提供足够的燃料，每年生长的树木就更不必说了。"

从尼德兰的案例中我们可以看出，彭慕兰的逻辑自相矛盾：整个欧洲和东方一起陷入了燃料危机，摆脱危机的希望是从新大陆获取，而地处欧陆的尼德兰仍然有大量的泥煤资源躺在地下，这里显然没有燃料危机，却依然衰退了。

彭慕兰的真正误区在于，由于缺乏关于经济社会结构的充分知识，他没有认清分流发生在英吉利海峡的两侧。从现代化历程来说，欧洲并不是一个整体，而是英国和其他欧洲国家两个完全不同的部分。

17世纪的英国，燃料、木材的确长期短缺，但这是因为英国步入现代世界大门后，经济发展激发了对资源的大量需求。在需求的引导下，英国向全世界采购资源，所以英国的港口才会有如此巨量的木材输入。

尼德兰刚好相反。虽然它几乎与英格兰一起迈向现代世界，但是在糟糕的地缘环境压迫下，低风险农业并不足以维持和平秩序，使得这里重新跌回欧陆旧体系。这是尼德兰衰落的根本原因，也是它空有大量的泥煤资源却不去利用的原因，因为经济的衰落使得各行各业对于燃料的总需求不足，因此大量开采泥煤并不划算。

中国江南地区的情况，其实与尼德兰差不了太多。已经有学者指出，江南地区周边同样有煤矿存在。而江南地区河网密布，又是长江和大运河的流经地区，如果需求足够大，完全可以从远方运输燃煤到江南，且有利可图。明清时期商人把大量食盐从南方运往北方边境，也曾把南方茶叶大批量运往北方，甚至输送到遥远的北亚，运输不是问题。事实是，江南地区和尼德兰一样，都是背倚广阔大陆的一块沿海区域，无法排除大陆环境的强烈影响，特别是江南地区自身的农业生产也不稳定，古代中国广阔疆土上的高风险农业以及由此导致的高风险社会状态，才是阻碍江南地区迈向现代世界的真正原因。

尼德兰和江南，一个在欧亚大陆的西端，一个在欧亚大陆的东端，却唱着同样的悲歌。中国的状况与英国是不同的，但是和欧洲大陆上的其他国家相比，却并不特殊。

那么，今天以彭慕兰为代表的历史学家强调的东西方大分流的概念，又是什么原因造成的呢？

第一个原因，就是中国人视角下的历史经验。从鸦片战争开始，清政府就在迎面而来的几场战争中被打得满地找牙。在当时的中国人眼里，从英法联军到八国联军，自然都是不可一世的战胜者，西方列强都很厉害。如果中国是因为落后而挨打，那么下意识地，这些敌人都是现代化的先进国家，何况又都远在万里之外，就更加不会关注它们之间究竟有多大的差异。

但是事实上，近代以来，日渐强大的英国作为欧洲大陆的"offshore balancer"（离岸平衡手），对于任何一个欧洲国家都造成了同样的压力，它既是砥砺欧陆国家进步的磨刀石，又是阻碍欧陆国家发展的掠夺者。法国作为"欧洲的中国"，和英国之间发生过多次战争，没少吃苦头。德国统一之前也不算是强国，在拿破仑战争中被"马背上的世界精神"按在地上摩擦。[①]意大利更因为历史悠久的饥荒和贫穷而软弱无力，曾经是一盘西方散沙。东方的日本开眼看世界，也是在"黑船事件"的压力下被迫开放国门[②]。有一个说法，中国是被"轰出了"中世纪，其实这句话用在欧洲大陆国家乃至日本身上，也是同样贴切的。就"落后就要挨打"这一点而言，欧亚大陆上的各个国家，外加日本，并无本质上的差异。

第二个原因，就是欧洲国家的话语权。每个民族都有它的自尊心，欧陆上那些曾经落后于英国、曾经被英国暴打的国家，当然不乐意承认自己的落后，人性如此，并不难理解。德国就是这种心理的典型例子。在欧洲，面对英法，德国曾经是一个既落后又挨打的角色。但是，一方面，它要宣扬自身的独特性，来对抗英法的经济文化优势；另一方面，它在夸大东西方差异乃至对立的同时，又模糊乃至无视自身与英法国家的差异，从中寻求和宣扬自身的西方身份认同。

这种倾向在黑格尔和韦伯这些德国式爱国思想家的著

① 拿破仑在"耶拿之战"中战胜德国，给一代德国人带来强大的精神震撼。哲学家黑格尔当时正在耶拿，目睹了拿破仑骑马入城，并在日后的回忆中称拿破仑为"马背上的世界精神"。

② 日本嘉永六年（1853年），美国海军准将马休·佩里和祖·阿博特等率舰队驶入江户湾浦贺海面。在美国的军事威胁下，双方于次年（1854年）签订《日美亲善条约》（又称《神奈川条约》），由此日本开放国门。

落后就要挨打，是欧亚大陆所有国家共通的历史经验，并无例外。

作当中是清晰可见的。在近代以来相当长的时间里，东方的中国都是作为欧洲的对立面来接受评价的。请注意，这里的"欧洲"是整个欧洲，当时欧洲大陆的学者，不论是法国的伏尔泰、孟德斯鸠还是德国的黑格尔、马克斯·韦伯，都把古代中国视为一种停滞的文明，而把整个欧洲作为一种仍在发展的、高于东方的文明。比如马克斯·韦伯就认为，只有在西欧才能够出现促进资本主义产生的文化精神，世界其他地方不具备这种文化精神，诞生于西欧的工业资本主义是整个人类社会发展的标准模式，不符合这种模式就是落后的，一种文明缺乏进入这种发展模式所需的因素，这种文明就是不健全的。韦伯所标榜的西欧，也不只是英格兰和尼德兰，显然还包括法国和他的祖国——以普鲁士为首的德国。

面对欧洲国家，近代中国在战争中的失败，在经济文化上的落后，使中国人从武力到思想，全面性地仰视来自欧洲的事物。从别人强大，延伸为别人正确，这两个原因都在中国人的思想中发生作用；而在那些寻求西方身份认同的欧洲国家，出于力量自卑和文化自恋，人们也乐于信

图45　马克斯·韦伯（1864—1920），德国社会学家

　　基于德意志民族的历史经验，韦伯把现代化的要义归结为理性化的法律、信仰与组织，这彰显了德意志民族的自尊心，也影响了全世界。但是，这种片面归结更多的是一种穿凿附会，毕竟，这些要素在英格兰民族的历史经验中并不突出，而他们却率先走向了现代化。

从这种思路。中西大分流的问题意识就这样扎下了根。

错误的问题，导致了错误的答案。错误地认为中国和整个欧洲（或者整个西欧）之间发生了所谓的大分流，就导致一些研究者执着地在中国和欧洲之间去寻求未必真实存在的"根本性"差异，从而穿凿附会出若干影响很广却不成立的观念。

下面我们就举例说明这些观念，并进行简要的批判。

既然做出了欧洲与中国有着根本性不同的假设，那么就要去寻找这种不同。无须多想，从地图上一眼看去，我们就会注意到欧洲是一个分裂的区域，有着众多的民族国家。相比于欧洲的政治分裂，中国长久以来就是一个大一统国家，众多的民族生活在同一个皇权之下。

那么，一个分裂的欧洲，提供了什么好处呢？学界流行的看法是：

首先，欧洲在政治上的分裂为个人的思想自由提供了一种制度上的保障，因为人们可以用脚投票，移居到更自由的国家。这种"退出选择权"使欧洲出现了一个活跃的"思想市场"。同时，相对于政治上的分裂，欧洲在文化上又是统一的，共同的文化使各种思想可以在不同的国家之间顺利传播。因此，欧洲的"多国体系"有利于17世纪的科技革命和18世纪的启蒙运动，而科技革命和启蒙运动无疑是欧洲经济持续增长的重要推动力。

其次，作为"多国体系"中的成员，欧洲各国必须在经济上和军事上不断进行激烈的竞争，从而在政治、经济、科技等方面不断改进和提高，以争取优势压倒对手。

在这种观念下，中国恰恰是欧洲的一个反例。一方面，统一的国家、统一的意识形态，扼杀了境内各种"异端"思想成长的空间，使得中国诗人发出了"九州生气恃风雷，万马齐喑究可哀"的悲叹，无论有多少"我劝天公重抖擞，不拘一格降人才"的希冀和无奈，终究没有"思想市场"的发生来激励科技与文化的进步；另一方面，国内的统一与和平，使得中国武备废弛，在政治和经济上都安于抱残守缺，消极无为，长期处于一种得过且过的保守状态中。

这种观念是对的吗？乍看上去，它既直观又真实，欧洲兴起的五百年间，正值中国的明清两代，这些观点毫无疑问都有着真实的历史依据。但是，历史不只有共时性，还有历时性。与国家兴起较晚的西北欧相比较，中国作为古文明国家，它的历史已经非常悠久了。被这些研究者视若珍宝的所谓"多国体系"，中国历史上不但早就有过，而且同样辉煌。

春秋战国时代的中国，同样经历过诸侯林立的多国体系。在那个还没有"混一宇内"的时代，在分裂的各国，同样生活着不同的民族，不尽相同的区域性文化有着共同的起源，而且交流密切。纷争中的各国，同样致力于政治、经济、军事的改革与自强，富于进取之心的变法故事流传至今。那也同样是一个文化爆炸，政治、经济、军事进步的时代，毕竟"轴心时代"并不是浪得虚名。

那么，我们要问的是，同样是分裂而进取的多国体系，为什么春秋战国就没有导向现代化文明，而是走向了大一统传统国家呢？

不是没有人想过这个问题，有一位研究者用了很多心思去研究欧洲各国的行为，比较它们和春秋战国各诸侯国的政策差异，以解释为什么最终欧洲没有走上统一道路，作品就是《战争与国家形成：春秋战国与近代早期欧洲之比较》[①]。作者认为，其中的原因在于欧洲诸国采取的是"自弱型"改革，削弱的国家无力彼此吞并，维系了分裂局面；而春秋战国的各诸侯国采取的是"自强型"改革，强大的国家消灭了彼此，推进了统一。但是我们要指出的是，尽管研究者致力于发现欧洲的特殊性，然而并没有什么特殊之处，可以保障欧洲不会走上大一统的道路。

事实上，认为欧洲诸国由于采取"自弱型"改革而无力消灭彼此，因此不会走向终极大一统，只是选择性截取历史材料所造成的错觉。对欧洲多国体系稳定性的信心，来自近代早期从意大利战争到拿破仑战争这三百多年，欧洲的多国体系互相攻伐乱作一团，但又相对稳定的历史。可是，中国有句话叫"五百年必有王者兴"，如果对欧洲近代史的考察时段不限于这三百来年，而是拉长到第二次世界大战结束，我们就会发现，并没有什么"欧洲特性"一定能阻止多国体系的垮台和终极大一统。欧洲民族国家的兴起，和春秋战国诸雄的兴起类似，查理五世、拿破仑、希特勒相继争霸欧洲，和春秋战国列强争霸中国也没有什

[①] 作者为美籍华裔政治学博士许田波，历史社会学名家查尔斯·蒂利（Charles Tilly）是她的指导者之一。

么不同。更不用说，第一次世界大战和第二次世界大战时代的欧洲，和战国末年的中国一样，都已经走到了总体战的阶段，大一统的终局已经近在眼前。

那么，欧洲为什么没有走上和中国一样的大一统道路呢？

如果换个考察视角，历史就会很直白地告诉我们，答案并不在于欧洲自身有什么特殊之处，而是因为世界上存在着英国、美国这样的现代世界国家，它们作为离岸平衡手，给予了欧洲多国体系强大而持久的外部干预。

正是现代世界的影响，使欧陆没有走向大一统！

反观古代中国，并没有这样的离岸平衡手。唯一可以和近现代英美国家平衡欧洲列强近似的案例，是突厥汗国对于南北朝各个政权的干预。

当时中国北方的北齐和北周处于分裂对峙状态，在它们北面的草原上，是强大的突厥汗国。北齐和北周只能俯首称臣，向突厥进贡大量的财物，诱惑突厥去攻击自己的中原敌人。在当时的突厥人眼中，南方的北齐、北周类似于属国的性质，能够从两国榨取更多的财物，是突厥人的主要目标。突厥在面对中原政权的时候，考虑的是如何使用军事手段进行经济敲诈，满足自己对于中原物产的需求，甚至可以"出租"自己的骑兵，通过插手中原的战局，获取物质利益。突厥他钵可汗曾经得意地说："但使我在南两个儿孝顺，何忧无物邪。"这"两个儿"，就是指北齐和北周。

古代的突厥汗国当然不是英国和美国这样的现代国家，相比之下，它的力量并不强大，更不持久，因此并不构成对于中国大一统的障碍，但从获取利益的角度来说，它们是相似的。一个分裂的中原有利于突厥获取财物，而一个分裂的欧陆，也利于英国和美国获取利益。因此，英国和美国不会希望和允许欧陆出现一家独霸的现象，更何况英国和美国也有强大而持久的能力干预欧陆局势。

　　不只是所谓多国体系的问题如此，各种比较中国和欧洲差异的问题都有类似的困境。所以，欧洲和中国道路差异问题的根本解决，不是要试图解释整体的欧洲和中国有什么不同，而是要解释英国和美国为什么能够如此强有力而且持久地干预欧洲大陆的历史进程。追根溯源，就是要解释英国和美国历史道路的特殊之处，也就是英国和美国相对于整个欧亚大陆旧世界的特殊之处。

　　如果我们放下这种因为错误的问题而带来的执着，就会发现中欧大分流这个假问题可以取消了，英美道路的特殊性这个真问题更应该引起重点关注。

宗法制的强弱分布

图46　毛利元就和他的孙子毛利辉元

"兄弟同心，其利断金。"在巨大的危险面前，亲人往往更加值得信赖。宗法制度的严密，正是对于险恶生存环境的适应。

在中国传统社会中，人际关系主要有三种连接方式：血缘、地缘和业缘。通俗点说，就是亲戚、老乡和同行。从古到今，这些连接方式经历过很多演变：周代有周王分封诸侯；魏晋隋唐时代，有门阀世家把持政权；明清时代，有各种同乡会、商帮、会馆公所。可是，万变不离其宗，家长制下的血缘关系始终是一切关系的核心，地缘和业缘关系，也都缠绕在这种血缘关系之中。

血缘的重要性，在今天的中国仍然有迹可循。如果你是北上广的 Mary、Vivian 和 David，当你回老家过春节，变成翠花、大妮和二狗子，被七大姑八大姨包围、催婚的时候，自然会对这种绵延不绝的传统有所领会。

这种紧密的血缘关系，在传统社会中为什么这么重要呢？答案就在口口相传的俗语当中："打虎亲兄弟，上阵父子兵。"

欧亚大陆上不稳定的农业生产，我们已经聊过很多了。"人是铁，饭是钢，一顿不吃饿得慌。"不稳定的农业生产给每个人带来生存危机，生存危机带来人与人之间的暴力冲突。"他人即地狱"，彼此互为"老虎""敌人"，在这种竞争压力下，亲人之间更可能互相依靠，亲人之外更可能互相敌对。为了生存，人们只能以血缘关系为纽带，抱团取暖，团体内友爱互助，团体间仇视厮杀。正因为这种团结是为了战斗，而男性是战斗的主力军，所以越是激烈的斗争，越是强化男性血缘纽带的重要性，以父子兄弟这样的男性亲属关系为纽带组成更大也更紧密的团体。这样的团体，就是所谓的宗法团体，相当于父权小家庭的扩大化。

既然宗法团体因为不确定的农业生产而产生，那么，它当然不限于中国。所谓战争塑造国家，所有的文明社会，可以说都是在血缘小团体的基础上生长起来的。越是粮食产出不确定，生存危机越是深重，人们之间的暴力冲突就越是剧烈。暴力冲突越是剧烈，人们就更加依赖于血缘纽带，在父系血缘关系下团结得就越紧密，或者说社会的宗法性就越强。

整个欧亚大陆，从地中海世界出发向东，靠近亚洲，靠近远东，农业生产的不确定性都很高，社会的宗法性相应就比较强；从地中海世界出发向北，靠近西北欧，靠近不列颠岛，农业生产的不确定性在降低，社会的宗法性相应就比较弱。

在古代罗马，父权家长制也是社会的基本特征之一。古代罗马的家父权，并不比中国古代的"封建家长"逊色，家父对于家族成员有君主一样的专制权力，甚至可以出卖或者杀死他们。这种传统对现实仍然有影响，如果你看过爱情喜剧电影《我盛大的希腊婚礼》，就可以从中感受到希腊人传统的亲密家族关系。从地中海世界到中国，围绕

图47　杨贵妃义子、安史之乱的叛军领袖安禄山

"打虎亲兄弟，上阵父子兵。"结拜兄弟，认养义子，这种盛行于东西方古代国家的家族拟制，正是高风险生活压迫下的一种团结手段。

着父权家长的家族都是社会生活的基本单位，比如中国的西周封建，就以宗法制下的血亲封建为核心。

但是在西北欧，社会的宗法性趋弱，西欧封建就和西周封建有很大差异，血亲关系的影响在削弱。在不列颠岛上，普通法下父系的兄弟相比母系的兄弟并不特殊，都不被法律承认为一家人。而宗法制下，父系兄弟是一家人，母系兄弟却不是。也就是说，遍及整个欧亚大陆的宗法制，在不列颠岛上归零，消失了。

进一步地，冲突烈度与宗法制强弱相对应，体现在整个法律文化的传统当中。传统的中国法律作为强宗法性社会的产物，它的基础与核心是关于暴力冲突的刑法，民法部分则非常简陋；英国普通法作为非宗法性社会的产物，它的基础与核心是关于经济权利的土地法，刑法传统则相当单薄。

最后，我们从一个故事意象的流传中感受一下这种社会结构上的相似与变迁。

《蒙古秘史》中有个"五箭训子"的故事。

成吉思汗的十一世祖朵本篾儿干的妻子叫阿阑豁阿，朵本篾儿干在世时，两人生育有两个儿子。朵本篾儿干去世后，阿阑豁阿又生了三个儿子。于是，前面的两个儿子怀疑母亲后来所生的三个弟弟并非家人，阿阑豁阿召集来五个儿子，向他们解释说后面三个儿子是感光而生，都是"天之子"。阿阑豁阿给每个儿子发了一支箭，他们轻松就折断了，然后阿阑豁阿把五支箭捆在一起让儿子们折，他们都折不断。最后，阿阑豁阿训示她的五个孩子，折断一支箭很容易，折断一束箭就很困难，用这个比喻来教育自己的五个儿子要团结，才能不为人所乘。

这个故事在蒙古族中广泛流传，成吉思汗的母亲诃额伦也用这个故事教育童年的成吉思汗兄弟。但它很可能并不是蒙古人的原创，《魏书》记载南北朝历史，比蒙古时代早很多，这个故事的原型已经出现在有关吐谷浑首领阿豺的传说里。另据学者考证，希腊可能是这个故事的源头，古希腊人的《伊索寓言》中就有类似的故事。类似意象的故事在欧亚草原世界流传很广，甚至传到了远在海外的日本。日本战国时代的大名毛利元就对三个儿子有"三矢之训"，应当也是从这个故事附会而来的。

不过，当这个故事传播到西北欧的时候，由于当地宗法制淡化，故事的意象发生了显著的改变。

这个故事的本意是血亲兄弟间要互助，而在西北欧，抽象的兄弟友爱被凸显出来，血缘关系不再是故事的焦点。17世纪的荷兰共和国用这个故事做国家格言，比喻当时的荷兰七省之间应该精诚合作。甚至，今天美国国徽上的白头鹰左爪握着13支箭，象征着13个建国殖民地的"合众为一"，也都是这一源流下改变后的意象。

折箭故事意象所代表的宗法制在各地强弱不同，与各地政治体系、经济模式的差异一样，都强烈地被农业生产的不确定性这个底层因素左右。以地中海世界为起点，东方各地到西方各地的不同生活压力，造成的社会结构上的差异，就展现在这个故事意象的流传和变迁中。其实，这个故事的流传，并不必须从同一个故事源头开始，不同的粮食产出确定性，不同的社会生活压力，造成了不同的社会结构和心理结构，完全可以让这个故事的意象在不同的时间和地点，以不同的形态自发地生长出来。

终　章

我们都有光明的未来

我们已经回顾了现代世界的诞生、发展，以及它与欧亚大陆旧世界的分流。分流的根本，即在于人类不同的生存环境，不同的生存环境带来不同的粮食风险，不同的粮食风险造成不同的合作或冲突方式，造就了各文明区域独特的历史道路。其中，现代世界从英格兰萌芽，先是扩散到美国，然后逐步向全世界扩张。

　　第二次世界大战之后，工业化与绿色革命相结合，给各文明区域带来了农业剩余的快速增长，世界范围内的农业生产确定性得以快速提高，由此大幅度降低了数千年来不曾被撼动的粮食风险，决定性地改变了历史潮流。百川归海，人类各地区的文明史从分流走向了合流。

　　解释过去，为的是理解现在，更是为了预见未来。接下来，我们就接续对文明分流的讨论，从文明合流而非文明冲突的视角，对世界秩序的变迁做出新的解释和判断。

第一节

绿色革命与文明合流

图48 弗里茨·哈伯在实验室

　　弗里茨·哈伯（1868—1934），德国化学家，发明了合成氨工艺，开创了作为绿色革命三要素之一的化肥工业。现代世界正是在此类科学成就的基础上得以继续扩展。

作为现代历史哲学先声《历史绪论》的作者，生活在
14世纪末的突尼斯学者伊本·赫勒敦（Ibn Khaldun，1332—
1406）注意到，"在我们的时代里，文明好像是从南向北移动
的"。法兰克人和突厥人的王朝已经得到了权力，"人们敬畏
的不是埃及，而是奥斯曼的后代（指奥斯曼人，Ottomans）"，
并且，他带着一些不安注意到了欧洲在知识上取得的发展，
"我们进一步地听说在罗马人的土地和与其比邻的北岸，那里
的欧洲基督徒在哲学的学问上发展良好。据说他们再次学习
了哲学，有许多的课堂教授哲学。现存的对哲学的系统阐述
很广泛，有许多人知道这些学问，他们有很多学生"。

　　伊本·赫勒敦猜测，文明中心的转换，可能是由于太
阳的力量越来越大，或者其他某种星象方面的因素。但是
无论如何，他仍然相信，"未来和过去的相似比两滴水的相
似程度还要高"。在当时人们的眼光中，北方的权力崛起，
大概也只是又一次变幻莫测的人世起伏，并没有什么特殊
之处值得有智慧的心灵对它另眼相看。

　　伊本·赫勒敦所代表的这种看法，既是对的，也是错
的。一方面，欧洲的兴起，正如赫勒敦推测的那样，的确
是由于"某种星象方面的因素"，对于地中海以北的欧洲，
尤其是阿尔卑斯山以北的日耳曼西欧，的确是"太阳的力

量越来越大",因为西北欧的兴起,的确和"中世纪暖期"相关联。

但另一方面,欧洲的兴起固然没有摆脱古文明循环往复的崛起与衰落的宿命,而作为低风险农业造就的特例,英国正是在欧洲兴起的这次浪潮中脱颖而出,开拓了全新的文明道路。像"未来和过去的相似比两滴水的相似程度还要高"这样的论断,不再成立。

独特的地理位置,使英国远离赤道,远离ENSO,从而远离农业生产风险;同时由于北大西洋暖流的惠泽,又使它在高纬度的地域上获得了良好的农业生产条件。如前所述,英国与古代文明中心欧亚大陆之间,只有一条并不宽阔的英吉利海峡,这给它带来了幸运的双重影响。一方面,海峡两岸交通并不困难:早在青铜时代,英国与欧洲大陆就不缺少文明交流;罗马时代,不列颠岛更成为罗马的属地,进一步卷入了欧亚大陆的文明进程,这条海峡从未阻止英国对于欧亚大陆古代文明的吸收。另一方面,这条海峡虽不宽阔,却又相对隔离了来自欧亚大陆的战争风云。因此,基于低风险农业生产的"和平"虽然间歇性地被打破,却从未远离英国。正是这样一种和平生活与持续累积之间的互相推动,开拓了全新的文明道路,使得英国的力量越来越强,使它从一个罗马时代的边疆之地,最终成长为人类历史上第一个全球性帝国。

在人类的文明史上,英国有着独一无二的历史道路。相比于英国,古代历史上的各个文明,都深受高风险农业生产的困扰。比如离 ENSO 最近、位于赤道太平洋上的诸岛屿，虽然也是早期农业发源地之一，有着长达近万年的农业史，但是以城市和青铜器为衡量标准的话，它们甚至没有跨进文明的门槛。赤道沿线的其他文明，无论是位于非洲还是美洲，受制于糟糕的农业生产条件，发展都相对迟缓，进展有限。

中东、印度和中国，作为古代文明的高峰，都曾经盛极一时，但是受制于不稳定的季风降雨和长期气候变迁带来的农业困境，长期无法保有内部与外部的和平。有史以来，几大古文明的社会生活都处在强对抗的状态下，一方面累积了稠密的人口，另一方面居高不下的冲突水平又限制了分工演进，两方面的状况叠加，更推高了社会风险，使古文明周期性地陷入秩序崩溃，有限的分工遭到进一步的破坏。尽管有着辉煌的早期历史和众多的人口，但是由于缺少生产力高度和持续累积的能力，中东、印度和中国这些古文明遭遇了诸多挫折，在近代历史上普遍地落后了。

相比于其他地域，欧洲大陆的状况要好一些。中世纪以来，在罗马文明的废墟上，欧洲文明向北发展。尽管这一区域的粮食风险比英格兰高，但是和中东、印度、中国这样的古文明地域相比，远离了季风区，受惠于地中海和北大西洋暖流的滋润，粮食风险又是相对较低的。因此，中世纪后期以来，西北欧地区率先发展起来。

"走大英的路，让大英无路可走。"在人类历史上第一个全球性帝国——英国，以及青出于蓝而胜于蓝的美国的强大示范下，全球各国竞逐富强的冲动，带动了数百年来的世界史。

每一个文明都有它独特的社会生活基调，加上文明之间的相互作用，就决定了每一个文明独特的历史道路。与英国竞争的其他欧洲国家，正像经济学家亚当·斯密观察到的那样，并没有走上以农业进步为先导的"纯粹"的、英国式的现代化道路。这些欧洲国家，以其自身的独特条件为基础，在英国的示范和压力之下，纷纷卷入了工业化浪潮，在造就了各个国家的风险农业基础之上，移植英国式的现代化大生产，形成多种多样的"假晶"①现代化。在社会生活条件与地理位置都更接近于英国的西欧地区，这些"假晶"现代化率先成长起来。

比如，普鲁士曾经是欧洲大陆上农业较为落后的地区，16世纪以后形成了一种领地庄园制的农业经济模式，其实就是"再版农奴制"，农民几乎没有人身自由，还要承担沉重的劳役。建立在这种农业制度上的普鲁士，在农业上比起尼德兰和英格兰差距很大，工商业更是没法与后者相比。英国的现代世界力量不仅让英吉利海峡东侧的法国难以招架，而且让欧陆上包括普鲁士在内的各路邦国震惊且羡慕。各国都注意到，英国从中世纪末期开始通过圈地运动逐渐消除敞田制共同劳作，实现了农业生产力的巨大提高，民众普遍生活富裕，国家的工业化也遥遥领先。进入18世纪中期，整个欧洲掀起了一场

① 语出斯宾格勒《西方的没落》。"假晶"本是一个地质学概念，特指自然界一种岩石的溶岩注入他种岩石的间隙和空洞中，造成一种共存、混生的"假晶"体，即貌似乙种的岩石，实际上包裹的却是甲种岩石，故称"假晶"。斯宾格勒借用它指代来源于不同民族文化间的交流、吸纳、对话或融合，有时甚至是征服的文化现象。

广泛的"农业运动"，照猫画虎地向英国学习。比如普鲁士，就希望实施类似的圈地政策，私有化和规模化境内的农田，建立土地市场，解放劳动力，最终促进工业发展。特别是经历了拿破仑战争和1848年革命之后，德意志诸国更加痛定思痛，向最先进的国家英国学习，原有的公用敞地被分配，农民身上的各种劳役负担被削减，小农土地向地主和富农手里集中。一系列的农业改革，使得德国的农业有了现代的影子。

但是，这些跟随英美脚步的欧洲国家，既不是典型的古代文明，也不是典型的现代文明，而是兼有古代文明固有的小农业和现代化带来的大工业，成为一种混合体。一种是来自古代文明的小农业特征，"土地细分"后的贫困农民；一种是来自现代文明的特征，"工业区"人数众多的无产阶级。两种特征混杂并存。卷入工业化浪潮的各个国家，依其地缘条件，以各种方式呈现着混杂的局面。

1845年，恩格斯发表《在爱北斐特的演说》，描述了这种混杂在德国社会状况中的表现：

我们先来考察一下德国目前的社会状况。我国有大量的贫民，这是大家都知道的。西里西亚和波希米亚事件本身就说明了这些地方的状况。摩塞尔和埃斐尔两地区的贫困状况，"莱茵报"已经详细地报道过了。厄尔士山区自古以来就被可怕的贫困笼罩着。在捷涅和威斯特伐利亚的麻纺业区情况也不见得好些。

德国各地都怨声载道，这也是很自然的事情。我们的无产阶级人数众多，这也不能不是这样，即使我们极其肤浅地考察一下我们的社会状况，我们也一定会相信这一点。工业区一定有人数众多的无产阶级，这是理所当然的事情。工业要是没有大批全力为它效劳、为它工作而且不再从事其他任何行业的工人，就不可能存在。只要竞争存在一天，工业劳动就使工人不可能从事其他任何行业。所以在所有的工业区里我们都可以看到无产阶级，他们这样多，这样引人注目，要否认他们的存在是不可能的。许多人断言：农业区刚刚相反，那里一定不会有无产阶级。但是，这是否可能呢？在大土地所有制占优势的地方，农业无产阶级是不可缺少的，因为农场需要男女雇农，没有无产者，大农场就不可能存在。在土地分散的地方，同样也无法避免产生一无所有的阶级，因为土地分散有一定的限度，它不可能超过这个限度再分下去，而且因为那时土地只为家庭的一个成员所有，所以其余的成员就不得不变为无产者，变为一无所有的工人。同时，土地的分散通常总是要分到土地小得不能养活一家人为止。这样就形成了一个阶级，这个阶级像城市小资产阶级一样，形成了由有产阶级过渡到一无所有的阶级的阶梯。土地不让这些人去另谋生计，但同时又不能供给他们足够的生活资料。这个阶级也是极端贫困的。

一方面，这种混杂使得欧陆国家，包括统一的德国在内，部分获得现代世界带来的巨大力量，使它们取得对于那些滞后发展的东方国家的巨大优势，使欧洲列强在过去的几百年中，征服或控制了亚非拉的广大土地和人民。所谓东方与西方的大分流，即由此而来。东西方大分流不是一个独立的、实质性的问题，它是英吉利海峡两岸分流的产物，是源自英国的现代化大生产在欧洲扩散而带来的溢出效应。

另一方面，我们必须看到，早期工业化的成就，并不能改变当时欧陆国家内部的粮食风险状况，因此这种混杂并不能使欧陆国家免于风险农业带给古文明的盛衰循环，这些欧陆国家在新的生产力水平上重复着古代中国春秋战国式的冲突与厮杀。

欧洲的春秋战国时代会带来什么后果呢？

在这种新旧之间的摇摆和颠簸之中，古代文明的周期性衰退和现代文明的直线式发展相叠加，两条道路在它们身上融会交错，使欧洲成为第一次世界大战和第二次世界大战所谓"第二次三十年战争"的策源地，早期历史学家心目中局限于欧洲的"14世纪总危机"和"17世纪总危机"①在20世纪重演，在大工业的助推下，成为祸及全世界的"20世纪总危机"。

在"第二次三十年战争"造就的这场"20世纪总危机"中，和历史上已经被秩序崩溃屡屡破坏的中东、印度、中国等古文明一样，循着风险农业造成的宿命，在新一轮的

① 在14世纪和17世纪，欧洲各地普遍发生了饥荒、瘟疫和战争，因此被称为"14世纪总危机""17世纪总危机"。事实上，同样的情况也发生在亚洲，只是早期历史学家们并没有将亚洲和欧洲的情况联系在一起。

秩序崩溃中，欧洲也失去了它刚刚获得的"文明中心"地位。

战后，美国代替英国，成为新的、更强大的全球性帝国。在中世纪以来地中海文明向北发展的浪潮中，英格兰这样一个低风险农业区兴起，成就了英国的全球霸主地位。同样地，在近代以来欧洲殖民扩张的浪潮中，北美大陆的新英格兰地区这样一个低风险农业区兴起，青出于蓝而胜于蓝，以新英格兰为核心的北美殖民地组成了美国，在广阔的北美大陆上极大地扩张了它的领土和力量。

面对和古文明一样束缚于宿命而崩溃的欧洲，以美国为新一代核心的盎格鲁-撒克逊国家成了新的"文明中心"。在被欧洲与亚洲之间的东西方大分流遮蔽了数百年之后，英吉利海峡两岸的分流得以充分彰显，英美国家与欧亚大陆拉开了距离，成为全球高风险农业区与低风险农业区之间的再一次大分流。以核大战阴云笼罩下的美苏"冷战"为标志，文明分流在大工业的助推下走向了历史顶点，也将人类带到了毁灭的边缘。

幸运的是，在毁灭的阴影下，绿色革命作为工业革命的延伸，农药、种子、化肥、机械等技术进步，极大地提高了农业总产量和农业生产率。现代世界得以再次扩张。

第二次世界大战之后，作为美国和苏联之间"冷战"竞争的产物，美国以洛克菲勒财团、福特财团之类基金会为依托，向自己阵营内的很多国家派出农业专家，培育和推广高产的农作物品种，输出技术和设备，提高粮食产出，促进各国走向现代农业。这就是国际上所谓"绿色革命"的源起。

例如，在洛克菲勒基金会的资助下，农业专家在墨西哥采用杂交的办法培育出矮秆高产小麦品种。这些小麦麦穗上的麦粒比一般品种要多很多。随后的20世纪60年代，杂交小麦扩展到了西南亚小麦种植带，从印度旁遮普邦穿过新月沃土直到土耳其。20世纪60年代初，在菲律宾建立了国际水稻研究所（IRRI），1965年培育成高产矮秆耐肥的水稻品种，此后高产的水稻新品种层出不穷，并向全世界推广。到20世纪70年代，绿色革命已在印度、印度尼西亚、巴基斯坦等20多个国家推行。

自古以来的人口大国可能是绿色革命的最大受益者。例如印度于1961年引进第一批高产玉米品种，1965—1966年度开始引进高产小麦种子和高产稻种，此后又实现了高产品种基本上靠本国的种子农场培育和提供。结果是，印度的粮食总产量从1965—1966年度的7200多万吨增加到1981—1982年度的13400万吨，平均每年增长3.95%。粮食的单位面积产量则从1965—1966年度每公顷628.5千克增加到1980—1981年度的1032千克，平均每年增长3.3%。这样的粮食增产速度超过了人口的增长速度，马尔萨斯陷阱开始远离当代印度，不断增加的产量大大降低了印度的粮食风险。

众所周知，当时的中国也启动了类似的工作，取得了巨大的成就，其中被誉为"第二次绿色革命"的杂交水稻等粮食品种的培育和推广尤为突出，农业专家袁隆平就是投身其中的佼佼者。当然，绿色革命的成就不限于高产良种。20世纪70年代初，中国从西方国家大规模引进包括化肥生产线在内的成套技术设备，被称为"四三方案"，大幅度提升了化肥工业水平。以20世纪50年代以来前期工业化所造就的能源、化工、机械与运输等方面的进步为基础^①，高产种子、化肥和农药三者互相配合，成为绿色革命在中国走向成功的关键因素。绿色革命对于中国、印度等发展中国家摆脱农业高风险起了决定性的作用。而且，被绿色革命洗礼的不仅是发展中国家，也包括欧陆各国。

我们在前面谈到，法国的农业长期陷于小农经济的泥潭中无法自拔。在东方国家看来，法国绝对是西方列强之一，但它的农业仍然是孱弱不堪的。第二次世界大战之后，同样是为了在美苏冷战中取得优势，美国在欧陆启动了马歇尔计划，援助在战争中损失巨大的欧陆各盟国，其中也

① 20世纪50年代，中国得到苏联和东欧国家大力援建，以重工业为核心，引进了众多基础工业技术与设备，被称为"156项工程"。这次引进工作为中国的全面工业化奠定了基础。

图49　袁隆平与他的改良水稻

"科学技术是第一生产力。"作为绿色革命三要素，高产种子、化肥和农药改变了历史的底层因素，开创了历史发展的新局面。

包括法国。从农业的角度看，法国变革也可以视为绿色革命的一部分。

第二次世界大战结束后，法国利用美国马歇尔援助计划的贷款，加强了对基础性生产部门的投资。在农业领域，仅对设备及化肥的投资，就从1948年的不足10亿法郎增加到1952年的30亿法郎。政府的投资解决了法国小农们无力购买农用机械的难题，使得机械化农业开始在法兰西大地上快速发展。到了20世纪50年代中期，法国终于初步实现了农业的机械化，并出台了很多政策，促使原本小块分割的农田向规模化转变，鼓励有能力的农民扩大农场规模，对于没有能力的农民则支持其转业。法国政府还专门成立土地公司收购整治小农土地，再出售或出租来推动规模经营。我们必须说的是，与这些投资和政策并行，优质高产的农作物品种在法兰西的广泛播种，也是法国走出小农经济、走出高风险农业的关键因素。

有趣的是，绿色革命不仅让发展中国家和欧陆国家的农业受益，还让美国这样的现代世界先行国家的农业受益。到20世纪70年代，美国种植的玉米全部是杂交玉米，产量比20世纪20年代标准玉米品种高出三四倍。美国从新英格兰殖民地时期就建立的粮食出口地位，到了20世纪、21世纪仍然继续保持。

就这样，绿色革命席卷了全球的大部分地区和人口。工业化与绿色革命相结合，所到之处，给各文明区域带来了农业剩余及其确定性的快速提高，由此大幅降低了数千年来不曾被撼动的粮食风险，使得欧亚大陆上的工业化大生产不再是一种"假晶"式的存在，而是得到了稳固的农业基础，进而加速推动工业化。原本局限于英国和美国的弱对抗的、较为和平的社会生活秩序，随之迅速地向全世界扩散。

在所有古文明国家中，西欧各国由于较低的粮食风险，以及相应的更好的工业基础，成为迄今绿色革命成效最快也最突出的地区，率先实现了弱对抗的、更为和平的社会生活秩序，也因此成为经济上迅速恢复与发展的地区；而在历史上就与西欧社会结构接近的日本，也成为其中的一员。第一批实现了道路转折的国家，因为第二次世界大战战后秩序的历史原因而附属于英美，成为战后"西方文明"的一部分。

相比于这些"西方文明"国家，东欧和曾经的苏联等国家，历史上的粮食风险较高，工业基础也较为逊色，实现这种转折则更晚一些。中国作为古文明的代表国家，也在绿色革命的浪潮中，释放了几千年来居高不下的粮食风险，获得了新的和平秩序，走上了现代化的快车道。

东欧诸国、苏联乃至中国，作为历史上粮食风险水平较高的文明区域，尽管实现绿色革命付出的代价较高，获得和平秩序的转折也来得较晚，但是这种转折一旦实现，在现代化道路上的进步即可自我加速。中国经济今天所表现出的巨大力量，既是这种进步的成果，也进一步巩固了这种进步。

南亚国家、中东国家和非洲各国，或是由于短期气候特征造成了居高不下的粮食风险，或是由于长期气候变迁所带来的农业衰退，工业化和绿色革命的进展更为缓慢。但是即便如此，在过去几十年中，这些国家在现代化道路上也取得了长足的进步。

美苏冷战是数百年来现代世界与前现代世界大分流的最后回响。尽管在绿色革命开启后的最初几十年中，在"泛西方"和平秩序的保护下，欧美地区与工业积累较少、农业进步较慢的其他地区曾经再次拉开距离，但是随着绿色革命在各文明区域的不断深入，分流的时代已经结束，合流的大门已经开启。现代世界与前现代世界的分流，在今天已经转变为全球共同走向现代世界的合流。一度被拉大的不同文明之间的发展鸿沟，在冷战结束后已经逐渐弥合，由各种粮食风险特征所造就的众多文明道路，从此决定性地趋同，贯穿整个世界历史的文明分流，最终走向了合流。

新和平秩序普照万邦

图50　孙中山手书"天下为公"

　　"大道之行，天下为公"，只有在我们这个时代，这一古老的人类梦想才可能成为现实。

在过去的数十年中，中国迅速兴起，成为震撼世界的大事。新加坡前总理李光耀在1994年预言道：

> 中国参与世界地位重组的规模，使得世界必须在30年或40年的时间内找到一种新的平衡。假装中国不过是另一个大的参与者是不可能的，它是人类历史上最大的参与者。

面对已经成为新现实的世界格局，人们总是在匆忙和迷惑中向过去寻求启示。哈佛大学的历史学者尼尔·弗格森（Niall Ferguson，1964—　）将今日中国和美国之间的关系格局称作"新冷战"；哈佛大学的另一位历史学者格雷厄姆·艾利森（Graham Allison）在他的著作《注定一战：中美能避免修昔底德陷阱吗？》（*Destined for War: Can America and China Escape Thucydides's Trap*？）中提出：历史上的守成大国与新兴大国，正如修昔底德在《伯罗奔尼撒战争史》中所描绘的雅典与斯巴达那样，往往由于互相猜忌而走向无法挽回的冲突，中美是否能够最终避免一战，就取决于它们是否能够逃脱这样一个"修昔底德陷阱"。

是这样吗？中国与美国的竞争，固然是新兴大国与守成大国的竞争，但是中国与美国的关系格局，果然能够等同于斯巴达与雅典之间的争霸战，等同于苏联与美国之间的冷战吗？

看来某些哈佛学者的确是这样想当然的。我们来看一看哈佛大学的另一位政治学者塞缪尔·亨廷顿（Samuel P. Huntington，1927—2008）在其著作《文明的冲突》中对中美之间的竞争所做出的预测。

1. 在最广泛的层面上，盛行于众多亚洲社会的儒家精神强调这样一些价值观：权威，等级制度，个人权利和利益居次要地位，一致的重要性，避免正面冲突，"保全面子"，以及总的说来，国家高于社会，社会高于个人。此外，亚洲人倾向于以百年和千年为单位来计算其社会的演进，把扩大长远利益放在首位。这些态度与美国人信念的首要内容形成了对照，即自由、平等、民主和个人主义，以及美国人倾向于不信任政府，反对权威，赞成制衡，鼓励竞争，崇尚人权，倾向于忘记过去，忽视未来，集中精力尽可能扩大眼前的利益。冲突的根源是社会和文化方面的根本差异。

2. 不论亚洲和美国社会之间存在着怎样的经济联系，根本的文化差异将使二者无法同居一室。

3. 中国的历史、文化、传统、规模、经济活力和自我形象，都驱使它在东亚寻求一种霸权地位。这个目标是中国经济迅速发展的自然结果。所有其他大国英国、法国、德国、日本、美国和苏联，在经历高速工业化和经济增长的同时或在紧随其后的年代里，都进行了对外扩张、自我伸张和实行帝国主义。没有理由认为，中国在经济和军事实力增强后不会采取同样的做法。两千年来，中国曾一直是东亚的杰出大国。现在，中国人越来越明确地表示他们想恢复这个历史地位，结束屈辱与屈从西方和日本的漫长世纪，这个世纪是以 1842 年英国强加给中国的《南京条约》为开端的。

和前两位学者的想法一样，一眼看上去，亨廷顿的观点似乎也饱含着学识和智慧。但是，"历史总是惊人相似，却永远不会简单重复"。在表面相似的历史剧情背后，也许有着根本不同的历史形势。

以"粮舵"来分析今天的世界，我们认为，在绿色革命这一农业时代以来"五千年未有之变局"面前，历史岂止是不会简单重复，历史根本就是彻底地改变了。

第二次世界大战之后这几十年中，从西欧、东欧直到俄罗斯和中国，欧亚大陆北部的主要国家都已经次第完成了绿色革命，今天世界舞台上的主要国家，都已经获得了基于低风险农业的和平秩序。对于后冷战时代的现代国家来说，国家强大、经济繁荣与和平秩序，是不可分割的三位一体，能够站上世界舞台的，都是同时拥有了这些属性的同质化国家；反之，没有完成现代化进程、缺少这些属性的国家，也不会有机会在世界舞台上发挥重大作用。

尽管每一个文明的历史道路，都留下了独特的文化传统，但是对于今天世界舞台上的各个主要国家而言，这种文化传统更多地代表了过去的文明路径，而不是今天的社会生活。亨廷顿那样的文明分类并不能够界定各个主要国家之间的异质性，建立在和平秩序之上的现代化，才是隐藏在表面性的文化差异之下的同质性所在。

从"粮舵"的视角看，今天的世界秩序是基于和平秩序之上的同质性现代国家之间的新秩序，这是前所未有的历史现象。

与亨廷顿提出的"文明的冲突"的观点不同，我们认为，在历史上的任何时候，文化都不是人类生存的目的，而是人类生存的工具。文化差异不是冲突的根本。文化差异背后的生存环境及其带来的生存压力，才是冲突的根本！

今天决定世界秩序的主要国家，包括中国在内，都已经从农业高风险中解脱出来，不再受困于生存环境，拥有了内在的和平秩序。因此，它们对于自己的生存和繁荣必然抱有坚定的信心，不存在对外冲突的必然压力。表面化的、遗产性的文化差异，并不构成对冲突的必然推动，无论是从政治、军事角度去解读的修昔底德陷阱式的"新冷战"，还是从宗教、文化角度去猜想的亨廷顿式的文明冲突，都是对历史与现实的误读，是刻舟求剑式的虚假想象。

因此，中国与美国之间所谓的"文明冲突"，如果要在历史中去寻求先例，唯一可资对比的，就是发生在美国与英国之间的、和平落幕的"新兴国家"与"守成国家"之竞争，那是世界历史上第一次发生在两个"现代"国家之间的竞争。

中国将会成为新的重要国家，但是，即使中国的发展超越了美国，也将要面对众多同样基于和平秩序的现代国家。这些国家，无论是现代化道路上的先行者——西方国家，还是这条道路上的后来者——其他亚非拉国家，比如印度、巴西等，都将会和它一样，强大、繁荣而且稳固。对于所有现代国家而言，追求国际和平是内部秩序与外部压力互相作用的必然结果，这与古代中国的春秋战国或者近代欧洲的多国体系都有着根本性的不同。因此，无论是"文明冲突"，还是"修昔底德陷阱""新冷战"，都无法概括今天的国际秩序；无论有多少路径上的具体差异，现代国家之间的竞争，都将在和平的道路上得以解决。

那么，我们该如何看待当今世界上依然存在的分歧与冲突呢？

历史上美苏两大阵营的冷战，从"粮舵"的角度看，是现代世界与准现代世界之间的对抗，"发展是硬道理"，当双方各自利用绿色革命基本解决了阵营中的农业高风险状态后，对抗的基础已经被消解了，冷战也走向了终结。

今天世界上主要国家之间的竞争与分歧，均非美苏两大阵营的那种极端对立，而是各个文明区域发展持续不平衡造成的局面。如果给这种持续不平衡找一个"粮舵"逻辑的解释，那就是高风险农业条件下的长期累积后果，叠加了当前工业发展所面对的能源高风险状态，从而导致了这种持续的发展不平衡。

我们观察后冷战时代世界动荡较为严重的区域，一个是中东和非洲地区，一个是苏联地区。一方面，它们高水平的粮食风险或者像中东和非洲地区那样依然居高不下，或者像苏联地区那样释放相对缓慢，社会秩序转型还在进行之中，市场化经营的现代经济还在建设之中；另一方面，它们又是油气资源的重要产地，这两个因素的叠加，这些地区的国家基本上属于资源依赖型经济，国家的财政受到国际油价等大宗商品价格的强烈影响，油价等大宗商品价

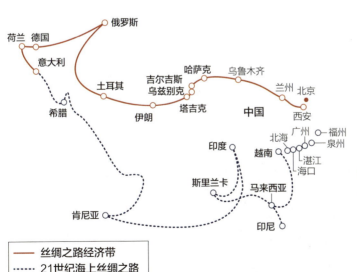

图51　陆上与海上丝绸之路

"周虽旧邦，其命维新。"古老的丝绸之路，串联起新时代的和平与繁荣。

格的不稳定，给这些国家经济体系乃至政治体系带来不稳定，进而影响到这些国家的内部发展和外部关系。

不过，对于粮食风险已经充分释放的国家来说，不再有农业高风险带来的生存危机，而能源高风险带来的只是发展的危机，两者之间有着本质的区别。因此，今天世界上主要国家之间分歧与对抗的烈度，是无法与第一次世界大战、第二次世界大战以及"冷战"时期相比的。

我们可以预想，一旦人类社会在克服了农业高风险状态的基础上，进一步克服了能源高风险状态，那么发展不平衡的问题也就会迎刃而解，今日世界的分歧与对抗也将冰消雪融。解决能源高风险状态的关键，在于核能和其他新能源技术的进步和普及。这已经不是本书要讨论的问题，在此按下不表。

存在即合理，以英格兰与其他国家的分流为根源，以英美国家与其他国家的再次分流为后继，第二次世界大战后成形、冷战后确立的等级制"美式和平"（Pax Americana）君临天下，这个霍布斯政治逻辑下的旧秩序曾经是合理的，但是在绿色革命以来的"五千年未有之变局"下，已经不可持续。亚非拉后发国家所追求的，是洛克政治逻辑下，以国际关系民主化为核心、世界各国普遍繁荣发展的新和平秩序，这一目标是后绿色革命时代的新合理诉求，合理的必将存在，新和平秩序必将到来。

百川东到海，奔流不复回。人类文明的命运共同体，将排除纷争，就此发端。

附　录

参考书目

1.《无字史记：基因里隐藏的祖先秘史》，波音著，北京：中信出版集团，2021年。

2.《失败者的春秋》，刘勃著，天津：百花文艺出版社，2019年。

3.《游民文化与中国社会》，王学泰著，北京：同心出版社，2007年。

4.《漂泊航程：历史长河中的明清之旅》，王家范著，北京：北京师范大学出版社，2011年。

5.《中国的土地和劳动》，〔英〕理查德·H.托尼著，安佳译，北京：商务印书馆，2014年。

6.《困学苦思集》，马克垚著，北京：首都师范大学出版社，2016年。

7.《国家、经济与大分流：17世纪80年代到19世纪50年代的英国和中国》，〔荷〕皮尔·弗里斯著，郭金兴译，北京：中信出版集团，2018年。

8.《从下往上看——英国农业革命》，杨杰著，北京：中国社会科学出版社，2009年。

9.《英国个人主义的起源》，〔英〕艾伦·麦克法兰著，管可秾译，北京：商务印书馆，2008年。

10.《共有的习惯》，〔英〕爱德华·汤普森著，沈汉、王加丰译，上海：上海人民出版社，2002年。

11.《企业、市场与法律》，[英]罗纳德·H.科斯著，盛洪、陈郁译，上海：格致出版社，2014年。

12.《经济解释·制度的选择》，张五常著，北京：中信出版集团，2015年。

13.《新兴古典经济学与超边际分析》，杨小凯、张永生著，北京：社会科学文献出版社，2003年。

14.《马克思社会发展理论新解》，[美]罗伯特·布伦纳著，张秀琴等译，北京：中国人民大学出版社，2015年。

图书在版编目（CIP）数据

粮舵：文明分流与现代化的起源 / 周夫生，波音著.

郑州：河南文艺出版社，2024.11. -- ISBN 978-7

-5559-1752-6

Ⅰ．K109

中国国家版本馆CIP数据核字第2024FC2637号

选题策划	刘大龙　李建新
特邀策划	王华伟
责任编辑	李建新　王宁
封面设计	东合社·安宁
美术编辑	吴　月
责任校对	梁　晓

出版发行	河南文艺出版社
社　　址	郑州市郑东新区祥盛街27号C座5楼
承印单位	三河市天润建兴印务有限公司
经销单位	新华书店
开　　本	787毫米×1092毫米　1/16
印　　张	20
字　　数	192 000
版　　次	2024年11月第1版
印　　次	2024年11月第1次印刷
定　　价	78.00元